Herder Taschenbuch 1668

W0180936

Über das Buch

Nach seinem weitverbreiteten Tagebuch »Ich hörte auf die Stille«
legt der bekannte geistliche Autor nun »Gebete aus der Stille«
vor. Sie sind die Frucht seines zweiten längeren Aufenthaltes in
einem Trappistenkloster. Am Ende jeden Tages formulierte Henri
J. M. Nouwen ein einfaches Gebet, das er aufschrieb. So entste-
hen Gebete in einer Sprache tagtäglicher Erfahrung. Die ganze
Wirklichkeit menschlichen Lebens wird »durchbetet«, und der
Blick auf neue Hoffnung, auf die Freude am Leben, auf Gott wird
wieder frei.

Über den Autor

Henri J. M. Nouwen, geboren 1932, bis 1986 Professor für Pasto-
raltheologie und Spiritualität zuletzt an der Harvard-Universität
in Cambridge/USA, seit August 1986 geistlicher Berater und Mit-
arbeiter der Bewegung »Die Arche«, die sich der ganzheitlichen
Betreuung geistig Behinderter widmet, in Richmond/Canada.

Henri J. M. Nouwen

Gebete aus der Stille

Den Weg der Hoffnung gehen

Herder Taschenbuch Verlag

Titel der Originalausgabe:
A cry for mercy
Doubleday & Company, Inc. Garden City, New York 1981
© Henri J. M. Nouwen, 1981

Übersetzt von Mathilde Wieman OSB, Kellenried
Buchumschlag: Werner Bleyer

Alle Rechte vorbehalten – Printed in Germany
Imprimatur. – Freiburg im Breisgau, den 27. August 1982
Der Generalvikar: Dr. Schlund
© Verlag Herder Freiburg im Breisgau 1982
Herstellung: Freiburger Graphische Betriebe 1990
ISBN 3-451-08668-9

Inhalt

Vorwort

Von Februar bis August 1979 lebte ich mit den Trappistenmönchen der Abtei Genesee im Staat New York. Ich war nicht zum ersten Mal bei ihnen. 1974 hatte ich die Erlaubnis erhalten, sieben Monate in ihrem Kloster zu verbringen und ihr Leben bei Tag und Nacht zu teilen. Dieser erste Aufenthalt war eine ganz neue Erfahrung für mich gewesen. Ich hatte noch nie in einem kontemplativen Kloster gelebt, und jeder Tag brachte mir Überraschungen. Ich mußte mich daran gewöhnen, um 2 Uhr morgens aufzustehen und um 19 Uhr ins Bett zu gehen. Ich mußte lernen, in der Bäckerei mit heißen Blechen umzugehen, aus einem Trog voller Rosinen kleine Steinchen auszulesen und passende Steinblöcke zum Bau der neuen Kirche zu finden. Aber vor allem mußte ich mich an die vielen Gebets- und Meditationszeiten gewöhnen und an die vielen Besonderheiten des Lebens in der Gemeinschaft. Obgleich ich niemals im Sinn hatte, Trappist zu werden, war dieser Aufenthalt im Kloster für mich wie ein Noviziat. Dank der persönlichen Führung des Abtes, John Eudes Bamberger, wurden diese sieben Monate eine Zeit echter spiritueller Formung. Es ereignete sich so viel in meinem Inneren wie auch um mich herum, daß ich das dringende Bedürfnis empfand, ein Tagebuch zu führen, das mir helfen sollte, die vielen neuen Erfahrungen richtig einzuordnen. Als ich wieder in meine Lehrtätigkeit zurückgekehrt war und meinen Freunden diese Tagebuchnotizen zeigte, stellte es sich heraus, daß meine Erfahrungen längst nicht so einmalig waren, wie ich gedacht hatte. Viele konnten in meinem Ringen ihr eigenes wiedererkennen. Diese Entdeckung bewog mich zur Veröffentlichung des Tagebuchs von Genesee. »Ich hörte auf die Stille« (Verlag Herder Freiburg i. Br. [11] 1987).

Mein zweiter langer Aufenthalt in der Abtei war ganz anders. Statt neu und überraschend, war das monastische Leben mir bemerkenswert vertraut. Alles, was mir beim ersten Mal so seltsam vorgekommen war, erschien mir nun wie selbstverständlich. Nichts hatte sich geändert. Innerhalb weniger Stunden stand ich wieder am Backofen, und Freitag morgen begrüßte mich Bruder Theodor am Rosinentrog, als ob ich nie fortgewesen wäre. Ich brauchte keine Anlaufzeit oder Einführungen. Dieselben Menschen, dieselben Gewohnheiten und derselbe frohe Geist begrüßten mich. An dieser Gleichheit war nichts Eintöniges oder Langweiliges. Im Gegenteil, eben wegen dieser Vertrautheit mit Menschen, Orten und Geschehnissen erübrigten sich alle vorbereitenden Schritte, so daß ich mich von Anfang an auf den Zweck meines Klosteraufenthaltes konzentrieren konnte: im Gebet bei Gott zu weilen. Der gleichbleibende Rhythmus des monastischen Lebens offenbarte mir die gleichbleibende Liebe des Herrn, der auf meine Rückkehr gewartet hatte, damit ich mehr Zeit für ihn und ihn allein hätte. Von dem Augenblick an, als ich in das nun so altbekannte Milieu eintrat, wußte ich, daß nichts anderes mich bewegen könnte, sechs Monate hier zu bleiben, als allein der Herr. Nun war es nicht mehr nötig, ein Tagebuch zu führen, die täglichen Ereignisse des monastischen Lebens oder die wöchentlichen Zusammenkünfte mit dem Abt festzuhalten. Sie waren nicht unwichtig geworden. Vielmehr waren sie so wichtig geworden wie das Atemholen und brauchten gerade deshalb keine täglichen Kommentare mehr.

Da ich mir bewußt war, daß für mich der einzige Grund, im Kloster zu sein und zu bleiben, das Gebet war, überlegte ich mir, ob es nicht eine gute Übung sei, jeden Tag wenigstens ein Gebet aufzuschreiben. Zunächst machte mich dieser Gedanke recht unsicher. Ist meine Beziehung zum Herrn nicht zu persönlich, um zu Papier gebracht zu werden? Sollte diese heiligste Form menschlicher Ausdrucksmöglichkeit nicht spontan bleiben, anstatt durch die bewußte schriftliche Fixierung eingeengt zu werden? Würde das Schreiben mein Gebet nicht erschweren? Obgleich ich diese Fragen sehr ernst nahm, ließ ich mich schließlich doch nicht davon abhalten, meiner Intuition zu folgen: daß es sich lohnen würde, mich am Ende eines jeden Tages hinzusetzen und das Gebet, das in jenem Augenblick mein Herz erfüllte, ganz schlichten Worten anzuvertrauen. Das Ergebnis meiner Übung sind die Gebete, von denen ich in diesem Buch eine Auswahl vorlege. Ich tue das nicht, um irgend jemand zu belehren, wie man beten soll, oder weil sie eine Gebetsmethode bieten, sondern weil sie in ihrer unbeholfenen Ohnmacht auf die wirkliche und unendlich mächtige Gegenwart des Heiligen Geistes hinweisen, der uns von unserem Herrn als immerwährender Beistand verheißen wurde. Darum hoffe ich, daß diejenigen, die in diesen Gebeten den Schrei ihres eigenen Herzens erkennen, auch das stille Beten des Gottesgeistes mitten in ihrem eigenen zaghaften Gestammel erkennen.

Ein Jahr nach der Niederschrift dieser Gebete fügte ich kurze Einführungen hinzu, um einige Hauptthemen hervorzuheben und eine gewisse Entwicklung während meines sechsmonatigen Aufenthaltes in der Abtei aufzuzeigen. Ich hoffe, daß diese Einführungen den Zugang zu den Gebeten etwas erleichtern.

I

Ein furchtsames Herz

Es steckt so viel Furcht in uns. Furcht vor Menschen, Furcht vor Gott und viel unverarbeitete, undefinierbare, freischwebende Angst. Ich glaube fast, daß die Angst das Haupthindernis für das Gebet ist. Wenn wir uns in Gottes Gegenwart stellen und dann den ungeheuren Vorrat an Angst in unserem Inneren gewahr werden, dann möchten wir am liebsten fliehen und uns in die vielen Zerstreuungen stürzen, die unsere geschäftige Welt so reichlich anbietet. Aber wir brauchen uns wegen unserer Ängste nicht zu fürchten. Wir können uns ihnen stellen, können sie benennen und sie vor ihn hintragen, der gesagt hat: »Fürchtet euch nicht, ich bin es« (Mt 14, 27). Wir neigen immer dazu, dem Herrn nur das zu zeigen, bei dem es uns wohl zumute ist. Aber je mehr wir wagen, ihm unser ganzes zaghaftes Ich zu entdecken, desto mehr werden wir erfahren, daß seine Liebe, die eine vollkommene Liebe ist, all unsere Furcht vertreibt.

Herr Jesus Christus, bevor du den Gelähmten heiltest, so daß er wieder umhergehen konnte, hast du ihm die Sünden vergeben. So bitte ich dich, laß mich in den kommenden sechs Monaten meiner Einkehr deine verzeihende Liebe in meinem Leben besser erkennen, und laß mich weniger darum besorgt sein, wie ich in den Augen der anderen dastehe. Gib, daß ich dich in der Tiefe meines Herzens an jenem jungfräulichen Punkt entdecke, wo du wohnst und mich heilst. Laß mich erfahren, daß du die Mitte meines Wesens bist und mich von dorther lehren und führen willst. Laß mich dich als meinen liebenden Bruder erkennen, der mir nichts – nicht einmal meine schlimmsten Sünden – nachträgt, der mich vielmehr berühren und sanft in die Arme schließen will. Nimm die vielen Ängste, den Argwohn und den Zweifel von mir, durch die ich dich hindere, mein Herr zu sein. Gib mir den Mut und die Freiheit, nackt und verwundbar in dein Licht zu treten und deiner unfaßbaren Barmherzigkeit zu vertrauen.

Ich weiß, wie hartnäckig mein Widerstand ist, wie schnell ich das Dunkel statt das Licht wähle. Aber ich weiß auch, daß du nicht müde wirst, mich in das Licht zu rufen, in dem ich nicht nur meine Sünden, sondern auch dein gütiges Antlitz sehen kann. Sei mir nahe in jeder Stunde meines Aufenthaltes in dieser Gemeinschaft, damit ich für die Brüder hier ein echtes Zeichen der Hoffnung sein kann, nicht durch das, was ich bin, sondern durch das, was du in mir wirkst.

Dank dir, Herr, daß du mich hierhergeführt hast und mir wieder die Gelegenheit gibst, dir auf dem Weg zu begegnen. Lob und Preis sei dir jetzt und für immer. Amen.

Herr, warum fällt es mir so schwer, mein Herz auf dich gerichtet zu halten? Warum gehen mir die vielen kleinen Dinge, die ich vorhabe, und die vielen Menschen, die ich kenne, sogar zu den Zeiten durch den Kopf, in denen ich vollkommen frei bin, um bei dir und bei dir allein zu sein? Warum schweift mein Geist in so viele Richtungen, und warum sehnt sich mein Herz nach Dingen, die mich in die Irre führen? Bist du mir nicht genug? Zweifle ich denn immer noch an deiner Liebe und Güte, an deiner Barmherzigkeit und Gnade? Bin ich mir im tiefsten Inneren immer noch nicht sicher, ob du mir alles geben wirst, was ich brauche?

Ich bitte dich, nimm meine Zerstreuungen, meine Müdigkeit, Reizbarkeit und mein kleingläubiges Umherschweifen an. Du kennst mich tiefer und besser, als ich mich kenne. Du liebst mich mit einer größeren Liebe, als ich mich selber lieben kann. Du bietest mir sogar mehr an, als ich ersehnen kann. Schau auf mich, sieh mich in all meinem Elend und meiner Verwirrung und laß mich mitten in meiner Unruhe deine Nähe erfahren. Ich kann nichts anderes tun, als mich dir zu zeigen. Trotzdem fürchte ich mich davor. Ich fürchte, du könntest mich verstoßen. Aber ich weiß – in der Gewißheit des Glaubens –, daß du dich danach sehnst, mir deine Liebe zu schenken.

Nimm meinen erschöpften Leib, meinen verwirrten Geist, meine ruhelose Seele in deine Arme und gib mir Ruhe, einfache, stille Ruhe. Verlange ich vorzeitig zu viel? Ich sollte mir darüber keine Sorgen machen. Du wirst es mir schon zeigen. Komm, Herr Jesus, komm. Amen.

Herr, heute hatte ich furchtbare Angst. Mein ganzes Wesen war wie von Angst überflutet. Kein Friede, keine Ruhe, ganz einfach Angst. Angst vor geistigem Zusammenbruch, Angst, mein Leben zu verfehlen, Angst, verworfen oder verdammt zu werden, Angst vor dir. O Herr, warum ist es so schwer, meine Angst zu überwinden? Warum ist es so schwer, meine Angst von deiner Liebe vertreiben zu lassen? Nur, als ich eine Zeitlang körperlich arbeitete, schien die Angst an Heftigkeit nachzulassen.

Ich fühle mich so ohnmächtig, um diese Angst zu überwinden. Vielleicht verlangst du auf diese Weise von mir die Erfahrung von etwas mehr Solidarität mit den vielen angsterfüllten Menschen auf der ganzen Welt: mit den Hungernden und Frierenden in diesem strengen Winter; mit denen, die durch Guerilla-Überfälle aus dem Hinterhalt bedroht sind, und mit all denen, die in Gefängnissen, Heilanstalten und Krankenhäusern beiseite geschafft sind. O Herr, diese Welt ist voller Angst. Mach meine Angst zu einem Gebet für die Geängstigten. Laß dieses Gebet andere Herzen aufrichten. Vielleicht kann dann meine Dunkelheit ein Licht für andere und meine innere Not ein Quell der Heilung für andere werden.

Auch du, Herr, hast die Angst gekannt. Du warst zutiefst erschüttert; dein Schweiß und deine Tränen waren die Zeichen deiner Angst. Laß meine Angst, o Herr, an deiner Angst teilhaben, damit sie mich nicht in die Finsternis, sondern ins Licht führt und mir ein neues Verständnis für die Hoffnung auf dein Kreuz gibt. Amen.

Herr, ich danke dir für diesen Tag. Ich habe deine Nähe nicht gespürt, ich habe deine Stimme nicht gehört, ich habe dein mildes Antlitz nicht gesehen, aber die rasende Angst von gestern war vorbei, wenigstens für viele Stunden. Dank für die ruhigen Stunden in der Bäckerei, die ruhigen Stunden in meinem Zimmer und die ruhigen Stunden in der Kirche. Ich konnte denken, lesen und ein wenig beten, und einen Augenblick konnte ich mir sogar vorstellen, daß ich eines Tages wieder Frieden und Freude fühlen könnte. Dank dir, Herr, für das viele Gute. Ich las über die »Erkenntnis von dir«, über die Wege, die zu dieser Erkenntnis führen, und ich bete, daß das, was ich mit dem Verstand begreife, eines Tages in mein Herz dringen und mich in meinem Innern erleuchten möge.

O Herr, ich rufe zu dir aus meiner stillen Dunkelheit. Zeige mir dein Erbarmen und deine Liebe. Laß mich dein Antlitz schauen, deine Stimme hören, den Saum deines Gewandes berühren. Ich möchte dich lieben, möchte bei dir sein, mit dir sprechen und einfach vor dir stehen. Aber ich bringe es selber nicht fertig. Den Kopf in die Hände vergraben heißt noch nicht beten, und über deine Gegenwart lesen heißt noch nicht, in ihr zu leben. Aber dann kommt jener Augenblick, in dem du wie damals zu deinen furchtsamen Aposteln auch zu mir kommen und mir sagen wirst: »Fürchte dich nicht, ich bin es.« Laß diesen Augenblick bald kommen, o Herr. Und wenn du ihn hinauszögern willst, dann mach mich geduldig. Amen.

Wird dies eine Zeit der Läuterung werden, Herr? Wird dies die Zeit sein, in der du mich begreifen läßt, welche Fesseln mich binden, und mir den Mut gibst, sie abzuschütteln? Wird dies die Chance sein, mein Gefängnis zu sehen und ihm zu entfliehen?

Abt John Eudes sagte: »Dies ist eine Zeit der Läuterung. Eine Zeit, um deine zwiespältigen Beziehungen und Haltungen zu erkennen, einige Entschlüsse zu fassen und einige Wegmarken abzustecken.« Herr, du selbst hast es mir gesagt. Wenn ich an deine Kirche glaube und an die Stimme derer, die in ihrem Namen, in deinem Namen sprechen, dann warst du es, der mich auf den Sinn meines Aufenthaltes hier hinwies: »Erkennen und wählen.«

Du hast auch gesagt: »Bete, selbst wenn du nicht dazu aufgelegt bist.« Ja, Herr, ich will versuchen zu beten, auch wenn ich mich fürchte, dir Aug in Aug gegenüberzutreten; auch wenn ich immer wieder einschlafe oder das Gefühl habe, mich im Kreis zu bewegen; auch wenn es so aussieht, als geschehe gar nichts. Ja, Herr, ich will beten – nicht nur mit anderen, nicht nur, wenn ich vom Rhythmus des Chores getragen werde, sondern auch, wenn ich mit dir allein bin. Ich will versuchen, keine Angst zu haben. Herr, gib mir Mut und Kraft. Gib, daß ich mich im Licht deiner Barmherzigkeit sehe und dich wähle. Amen.

O Herr, es ist eine große Gnade, daß ich während der österlichen Bußzeit in diesem Kloster sein darf. Wie oft habe ich diese Wochen bisher schon verbracht, ohne viel an Buße, Fasten und Gebet zu denken! Wie oft habe ich die geistlichen Früchte dieser Zeit vergeudet, ohne es überhaupt zu merken! Aber wie kann ich jemals wirklich Ostern feiern, ohne die Fastenzeit einzuhalten? Wie kann ich mich vollkommen über deine Auferstehung freuen, wenn ich der Teilnahme an deinem Tod ausgewichen bin?

Ja, Herr, ich muß sterben – mit dir, durch dich und in dir –, um dich zu erkennen, wenn du mir als Auferstandener erscheinst. So vieles in mir muß sterben: falsche Anhänglichkeiten, Gier und Ärger, Ungeduld und Geiz. O Herr, ich bin eigensüchtig, um meine Karriere, meine Zukunft, meinen guten Namen und meinen Ruf besorgt. Oft merke ich sogar, daß ich dich zu meinem eigenen Vorteil benütze. Wie verkehrt, wie gotteslästerlich, wie traurig! Herr, trotzdem weiß ich, daß es wahr ist. Ich weiß, daß ich oft zu meinem eigenen Ruhm und zu meinem eigenen Vorteil über dich gesprochen, geschrieben und in deinem Namen gehandelt habe.

Dein Name hat mir keine Verfolgung, Unterdrückung oder Ablehnung eingebracht. Dein Name hat mir Erfolg verschafft! Ich sehe nun klar, wie wenig ich mit dir gestorben bin, wirklich deinen Weg gegangen und ihm treu geblieben bin. O Herr, mach diese Fastenzeit anders als die früheren. Laß mich dich wiederfinden. Amen.

Herr, du bist der Erste der Gerechten. Du hast wahrhaft rechtschaffen gelebt. Um deinetwillen erhält der himmlische Vater die Welt im Dasein und erweist uns Sündern seine Barmherzigkeit. Wer bin ich, Herr, daß ich deine Liebe, deinen Schutz und dein Erbarmen erwarten kann? Wer bin ich, daß ich einen Platz in deinem Herzen, in deinem Hause, in deinem Reich verdiente? Wer bin ich, Herr, daß ich auf deine Vergebung, deine Freundschaft, deine Umarmung hoffen darf? Dennoch erwarte ich es, sehne mich danach, ja, zähle sogar darauf! Nicht wegen meiner eigenen Verdienste, sondern allein wegen deiner unendlichen Barmherzigkeit. Du hast für uns so gelebt, wie es Gott gefällt. O Herr, du bist der Gerechte, der Gesegnete, der Geliebte, der Rechtschaffene, der Gnadenreiche.

Ich bete, daß dein Vater, der Vater aller Menschen, Er, der mich erschaffen hat und tagein, tagaus erhält, dein Bild in mir erkennt und mich um deinetwillen aufnimmt. Hilf mir, dir zu folgen, mein Leben mit deinem Leben zu vereinen und ein Spiegel deiner Liebe zu werden. Amen.

Höre, o Herr, auf mein Beten. Höre auf mein Verlangen, bei dir zu sein und in deinem Haus zu wohnen. Laß mein ganzes Wesen von deiner Gegenwart erfüllt sein. Aber nichts davon ist möglich ohne dich. Wenn nicht du mich erfüllst, dann sind es bald endlose Grübeleien und Sorgen, die mich erfüllen, innerlich zerreißen und von dir abwenden. Es ist sogar möglich, daß Gedanken über dich – durchaus gute, geistliche Gedanken – nicht viel mehr als Zerstreuungen sind, wenn du sie nicht eingegeben hast.

O Herr, alles Nachdenken über dich, alle Begeisterung für theologische Spekulationen und Diskussionen, alles Interesse an Berichten über christliche Spiritualität, alle Anregungen durch Gedanken und Ideen über Gebet und Meditation können ebensogut eine Form von Gier sein wie das unbeherrschte Verlangen nach Nahrung, Besitz oder Macht.

Jeden Tag sehe ich von neuem, daß nur du mich lehren kannst zu beten, daß nur du mein Herz zur Ruhe bringen kannst, daß nur du mich in deiner Gegenwart halten kannst. Kein Buch, keine Idee, kein Entwurf und keine Theorie wird mich dir jemals näher bringen, wenn du selber nicht all diese Hilfsmittel zu einem Weg machst, der zu dir hinführt.

Aber Herr, laß mich wenigstens für deine Initiative aufgeschlossen bleiben; laß mich geduldig und wachsam auf jene Stunde warten, in der du kommst und alle Mauern, die ich aufgerichtet habe, durchbrechen wirst. Herr, lehre mich beten. Amen.

Herr, laß mich dich loben, preisen und anbeten. Mein Gebet verwandelt sich so oft in ichbezogene Grübeleien, bei denen ich meine eigenen verworrenen Gefühle und Stimmungen betrachte. So oft ertappe ich mich dabei, eine ganze Litanei von Selbstbemitleidungen herunterzubeten, oder ich lasse meine Gedanken zu Menschen und Ereignissen wandern, die meinen ruhelosen Geist in Beschlag nehmen. O Herr, warum starre ich dauernd auf das, was mich von dir trennt? Du bist der Quell aller Güte, Schönheit und Liebe. Du hast mir deine Barmherzigkeit erwiesen, als du zu mir kamst und mich durch das Leben deiner Kirche zu deinem eigenen Leben erhoben hast. Trotzdem lebe ich weiter so, als ob tausend andere Dinge, die mir durch den Kopf gehen, wichtiger wären als du.

Hilf mir bei diesem Kampf, dich zum Mittelpunkt meines inneren Lebens zu machen. Gib mir die Gnade des Gebets. Zeige mir deutlich und überzeugend, wie sehr ich mich selber zum Narren halte, und gib mir die Kraft, dieser Einsicht zu folgen. Vor allem aber, Herr, laß mich verstehen, daß in dir und durch dich für all meine kleinen Belange gesorgt wird. Du siehst nicht geringschätzig auf sie herab, aber du verlangst von mir zu vertrauen, daß du dich ihrer annimmst, wenn ich nur einfach auf dich und dein Reich schaue. Amen.

O Herr, das Leben geht schnell dahin. Ereignisse, die mich vor wenigen Jahren völlig in Bann hielten, sind nur noch vage Erinnerungen; Konflikte, die noch vor einigen Monaten aussahen, als seien sie für mein Leben entscheidend, scheinen jetzt belanglos und kaum der Rede wert; innerer Aufruhr, der mir noch vor ein paar Wochen den Schlaf raubte, kommt mir nun wie eine seltsame Erinnerung an die Vergangenheit vor; Bücher, die mich noch vor wenigen Tagen fesselten, scheinen mir nicht mehr so wichtig; Probleme, mit denen ich mich noch vor einigen Stunden herumschlug, können mir nichts mehr anhaben.

Warum ist es so schwer, aus dieser Erkenntnis eine Lehre zu ziehen? Warum gerate ich ständig in die Schlinge von Druck und Zwang? Warum sehe ich nicht, daß du ewig bist, daß dein Reich auf immer besteht und daß für dich tausend Jahre wie ein Tag sind? O Herr, laß mich vor dich hintreten und in deiner Gegenwart die ewige, zeitlose, immerwährende Liebe verkosten, die mich einlädt, meine kurzlebigen Ängste, Befürchtungen, Sorgen und Anliegen fahren zu lassen. »Sucht zuerst das Reich Gottes«, sagst du, »dann wird euch alles andere dazugegeben« (Lk 12,31). Ich werde alles Zeitgebundene in seiner wahren Bedeutung erkennen, wenn ich es von dort aus anschauen kann, wo du mich haben willst, wo deine unsterbliche Liebe wohnt.

Herr, zeige mir deine Wege und gib mir den Mut, sie zu gehen. Amen.

Herr, gib mir ein reines Herz, damit ich dich im Glanz der heiligen Liturgie sehen und hören kann. Wie oft singe ich die Psalmen, bleibe aber taub! Wie oft sehe ich das Brot und den Wein und bleibe dennoch blind! O Herr, warum zögerst du so lange, bis du mich mitnimmst auf den Gipfel des Berges, um mir das Licht deiner Verklärung zu zeigen und mich den Worten lauschen zu lassen, die da gesprochen werden? Ich weiß, ich weiß. Mein Herz ist nicht rein. Ich bin voll von meinen eigenen selbstsüchtigen Wünschen, meinen eigenen Grübeleien, meiner eigenen krankhaften Selbstbeobachtung. Und darum bleibe ich blind und taub, sehe und höre dich nicht, weil ich selber gesehen und gehört sein will. Herr, ich möchte wirklich sehen, aber mein Ringen um etwas mehr Herzensreinheit scheint so aussichtslos! Es kommt mir oft vor, als sei ich von Schlingen umgeben, und je mehr ich kämpfe, um so mehr verfange ich mich darin. Du, o Herr, bist der einzige, der mich aus dieser Falle befreien kann. Nimm mich bei der Hand und führe mich auf den Gipfel des Berges. Reinige mein Herz und zeige mir dein Licht. Ich brauche nicht weit zu gehen. Du hast mir die Worte gegeben, um dich zu hören, und Brot und Wein, um dich zu verkosten. Komm also, Herr! Mit all meinen Sinnen tue ich mich auf für dich. Laß mich dich dort erkennen, wo du bist. Amen.

O Herr, wen oder was kann ich anders verlangen außer dir? Du bist mein Herr, Herr meines Herzens, meines Geistes und meiner Seele. Du kennst mich durch und durch. In dir und durch dich findet alles seinen Ursprung und sein Ziel. Du umfaßt alle Wesen und sorgst dich um sie mit göttlich erbarmender Liebe. Warum erwarte ich immer noch Glück und Erfüllung außer dir? Warum ist meine Beziehung zu dir immer noch wie eine unter den vielen Beziehungen zu meinen Bekannten, anstatt meine einzige Beziehung zu sein, in der alle anderen begründet sind? Warum suche ich immer noch Beliebtheit, Anerkennung, Erfolg, Beifall und sinnliche Freuden? Warum, Herr, fällt es mir so schwer, dich zu dem Einzigen zu machen? Warum zögere ich noch, mich dir vollkommen auszuliefern?

Hilf mir, Herr, mein altes Ich sterben zu lassen, die tausend großen und kleinen Dinge aufzugeben, mit denen ich immer noch mein verfälschtes Ich aufbaue und versuche, mich an meine verkehrten Wünsche zu klammern. Laß mich neugeboren werden in dir; hilf mir, durch dich hindurch die Welt richtig zu sehen, so daß all mein Tun, Reden und Denken ein Lobgesang für dich werden kann.

Ich brauche deine liebende Gnade, um diesen rauhen Weg zu beschreiten, der mein altes Ich in den Tod und in ein neues Leben in dir und für dich führt. Ich weiß und vertraue, daß dies der Weg in die Freiheit ist.

Herr, zerstreue mein Mißtrauen und hilf mir, ein Freund zu werden, der dir vertraut. Amen.

Herr Jesus, dein Sprechen mit dem Vater ging aus deinem Schweigen hervor. Führe mich in dieses Schweigen, damit ich in deinem Namen spreche und deshalb meine Worte fruchtbar werden. Es ist so schwer zu schweigen, mit den Lippen zu schweigen, aber noch viel mehr, mit dem Herzen zu schweigen. In mir geht so viel Gerede vor sich. Es ist, als sei ich innerlich ständig in irgendwelche Auseinandersetzungen verwickelt, entweder mit mir selbst oder mit meinen Freunden, meinen Feinden, meinen Anhängern, meinen Gegnern, meinen Kollegen und meinen Rivalen. Aber diese innere Diskussion beweist, wie weit mein Herz von dir entfernt ist. Wenn ich einfach zu deinen Füßen säße und mir bewußt wäre, daß ich dir und dir allein gehöre, dann würde ich leicht aufhören können, mit all den wirklichen oder vermeintlichen Gesprächspartnern zu diskutieren. All diese Argumente zeigen meine Unsicherheit, meine Angst, meine Befürchtungen und mein Bedürfnis, anerkannt und beachtet zu werden.

Du, o Herr, wirst mir alle Aufmerksamkeit zuwenden, die ich nötig habe, wenn ich nur aufhören wollte zu reden und anfinge, auf dich zu hören. Ich weiß, daß du im Schweigen meines Herzens zu mir sprechen und mir deine Liebe zeigen willst. Herr, gib mir dieses Schweigen. Mach mich geduldig und laß mich langsam in jenes Schweigen hineinwachsen, in dem ich ganz bei dir sein kann. Amen.

Herr Jesus Christus, hab Erbarmen mit mir Sünder. Ich bin von meinen eigenen spirituellen Einsichten blockiert. Ich weiß wahrscheinlich mehr über Gebet, Meditation und Kontemplation als die meisten Christen. Ich habe viele Bücher über das christliche Leben gelesen und sogar selber welche geschrieben. Trotzdem, so viel ich auch davon erkenne, so sehe ich doch noch weit mehr den ungeheuren Abstand zwischen meinen Erkenntnissen und meinem Leben.

Es scheint, als stehe ich diesseits einer tiefen Schlucht und sehe, wie ich mich nach dir ausstrecken, in deiner Gegenwart leben und dir dienen sollte, aber ich kann die andere Seite der Schlucht, wo du stehst, nicht erreichen. Ich mag reden und schreiben, predigen und argumentieren, wie schön und gut das Leben ist, das ich auf der gegenüberliegenden Seite erblicke, aber wie kann ich dorthin gelangen, Herr? Zuweilen habe ich sogar das schmerzliche Gefühl, daß mir die Tiefe der Schlucht um so mehr bewußt wird, je klarer die Vision vor mir steht.

Bin ich dazu verurteilt, auf der falschen Seite des Abgrunds zu sterben? Bin ich dazu bestimmt, andere zu ermuntern, das Gelobte Land zu erreichen, während ich selber unfähig bleibe hineinzukommen? Manchmal fühle ich mich wie ein Gefangener meiner eigenen Einsichten und meiner »spirituellen Kompetenz«. Du allein, Herr, kannst mich ergreifen und mich retten. Du allein.

Ich kann nur versuchen, treu zu bleiben, auch wenn ich mich meistens kleingläubig fühle. Was kann ich anderes tun als weiter zu dir zu beten, auch wenn es finster in mir ist; weiter über dich zu schreiben, auch wenn ich wie erstarrt bin; weiter in deinem Namen zu sprechen, auch wenn ich mich verlassen fühle. Komm, Herr Jesus, komm. Hab Erbarmen mit mir Sünder. Amen.

II

MÄRZ – APRIL

Ein Schrei um Erbarmen

Gottes Barmherzigkeit ist größer als unsere Schuld. Es gibt ein Sündenbewußtsein, das nicht zu Gott, sondern zur Beschäftigung mit sich selbst führt. Unsere Versuchung besteht darin, uns so sehr von unseren Sünden und Fehlern niederdrücken zu lassen und von unserem Mangel an Großmut so überwältigt zu sein, daß wir in lähmende Schuld geraten. Die Schuld sagt: »Ich verdiene nicht Gottes Barmherzigkeit, denn meine Sünde ist zu groß.« Die Schuld ist es, die uns zur Selbstbespiegelung führt, statt unsere Augen auf Gott zu lenken. So ist die Schuld zum Götzen und deshalb zu einer Form von Stolz geworden.

Es ist der Sinn der österlichen Bußzeit, diesen Götzen zu beseitigen und unsere Aufmerksamkeit auf unseren liebenden Herrn zu richten. Die Frage ist: »Sind wir wie Judas, der so sehr von seiner Schuld übermannt war, daß er nicht mehr an Gottes Barmherzigkeit glauben konnte und sich erhängte, oder sind wir wie Petrus, der voll Reue zu seinem Herrn zurückkehrte und seine Sünde bitterlich beweinte?«

Die Fastenzeit, in der Winter und Frühling um die Herrschaft ringen, hilft uns in besonderer Weise, nach Gottes Erbarmen zu rufen.

Herr, ich danke dir für den Frühlingsanfang. In der Mitte der Fastenzeit ist es mir aufgegangen, daß es wieder Ostern wird: die Tage werden länger, der Schnee wird immer weniger, die Sonne spendet neue Wärme, und ein Vogel singt. Gestern schrie eine Katze während des Nachtgebets. Ja, der Frühling kündigt sich an. Und heute abend, Herr, hörte ich deinem Gespräch mit der Samariterin zu. Du sagtest: »Wer von dem Wasser trinkt, das ich ihm geben werde, wird niemals mehr Durst haben; vielmehr wird das Wasser, das ich ihm gebe, in ihm zum sprudelnden Quell werden, dessen Wasser ewiges Leben schenkt« (Joh 4,14). Was für Worte! Sie sind es wert, stundenlang, tagelang, wochenlang bedacht zu werden. Ich will sie in meine Vorbereitung auf Ostern einbeziehen. Das Wasser, das du gibst, wird zu einem Quell. Deshalb darf ich nicht mit deiner Gabe geizen, Herr. Ich kann das Wasser unbekümmert aus meinem Inneren hervorquellen und jedermann, der will, davon trinken lassen. Vielleicht werde ich diesen Quell sogar in mir wahrnehmen, wenn andere zu ihm kommen, um ihren Durst zu löschen.

Herr, ich zweifle so oft daran, daß ein Quell in mir sprudelt; ich fürchte so oft, daß er ausgetrocknet oder versandet ist. Aber andere glauben weiter an den Quell in mir, auch wenn ich selber nicht daran glaube. Schenke mir Freude durch den Frühling dieses Jahres und durch den Wasserquell in mir, Herr, du meine Zuversicht und mein Erlöser. Amen.

Herr, deine Welt – die Welt, die du so sehr geliebt hast, daß du selbst ein Teil von ihr werden und sie bis aufs äußerste erfahren wolltest – ist voller Leid. Kleine Leiden und große Leiden: das Leid meiner kleinen Nichte Friederike, die sich im Krankenhaus einer Gesichtsoperation unterziehen mußte; das Leid meines Vaters, der zum ersten Mal ohne Mutter verreist und sie schmerzlich vermißt; das Leid von Studenten, die keine Arbeit finden … Aber auch die Leiden der unterdrückten Indianer vom Mato Grosso und die Leiden ihres Bischofs, der Priester und Schwestern, die ihnen zu helfen versuchen; das Leid der vielen Männer und Frauen, die den zunehmenden Rüstungswettlauf mit ansehen müssen und bei ihren Bemühungen, ihn aufzuhalten, den Mut verlieren; die Leiden der Gefangenen und Hungernden, aber auch der vielen Menschen, die zwar glücklich und zufrieden scheinen, aber zerrissen sind von innerem Aufruhr, von Schuldgefühl, Scham, Unsicherheit und der Ausweglosigkeit, ihrer eigenen Rastlosigkeit Herr zu werden.

Es ist deine Welt, o Herr, die in Wehen liegt. Du bist ein mitleidiger Gott. Du bist gekommen, um unser Leid zu teilen. Ich bitte dich, gib deinem Volk Hoffnung, Mut, Kraft und Glauben. Laß uns nicht zerstört werden von den Mächten des Bösen, die uns umgeben, in uns eindringen und oft in Besitz nehmen. Vertreibe diese bösen Mächte von uns und zeige uns den Weg zu dir, denn du bist Licht, Leben, Wahrheit, Güte und vor allem Liebe. Amen.

O Herr, wann werde ich sterben? Ich weiß es nicht und hoffe, es wird noch nicht bald sein. Nicht, daß ich so sehr an diesem Leben hänge – obgleich ich vielleicht viel mehr daran hänge, als ich ahne –, aber ich fühle mich so unvorbereitet, um vor deinem Angesicht zu erscheinen. Während du mich ein wenig länger leben läßt, spüre ich, daß du deine Geduld offenbarst, daß du mir noch einmal eine Chance zur Bekehrung gibst, daß du mir mehr Zeit gewährst, um mein Herz zu reinigen. Zeit ist dein Geschenk für mich.

Ich erinnere mich, wie ich mich vor fünf Jahren nach meinem siebenmonatigen Aufenthalt in der Abtei bereit gefühlt habe zu sterben. Jetzt empfinde ich dies nicht mehr. Ich fühle mich unruhig, friedlos, schuldig, ratlos und sehr dunkel. Laß meine Zeit hier eine Zeit der Wandlung sein: Wandlung zu innerer Ruhe, zu tiefem Vertrauen auf dein Verzeihen und dein Erbarmen, zu gänzlicher Hingabe an dich.

Dank dir, Herr, für jeden Tag, den du mir schenkst, um dir näher zu kommen. Dank dir für deine Geduld und Güte. Ich bete, daß ich einmal, wenn ich sterbe, im Frieden heimgehen darf. Hör mein Gebet. Amen.

Herr, der große geistliche Lehrer Isaak von Ninive sagt: »Wer seine Sünden erkennt, ist viel größer als einer, der Tote zum Leben erweckt. Wer eine Stunde lang seine Sünden wirklich beweinen kann, ist größer als einer, der die ganze Welt belehrt. Wer seine eigene Schwäche kennt, ist größer als der, welcher die Engel schaut.« Wie wahr sind diese Worte, Herr! Ich sehe ein, daß die dauernde Beschäftigung mit meinem sündhaften Tun eine Art ist, der Konfrontation mit meiner wirklichen Sündhaftigkeit auszuweichen. Vermeide ich aber die Konfrontation mit meiner wirklichen Sündhaftigkeit, so bedeutet das auch, daß ich der Begegnung mit deiner Barmherzigkeit ausweiche. Solange ich aber deine Barmherzigkeit noch nicht erfahren habe, weiß ich, daß ich immer noch vor meiner wirklichen Sünde davonlaufe.

Komm, Herr. Durchbrich meine Zwänge, Ängste, Befürchtungen und Schuldgefühle. Laß mich meine Sünde und deine Barmherzigkeit sehen. Amen.

Herr Jesus, du bist gekommen, um uns die erbarmende Liebe deines Vaters zu zeigen. Laß die Deinen diese Liebe mit Herz, Sinn und Gemüt erfassen. So oft fühlen wir uns einsam, ungeliebt und verloren in diesem Tal der Tränen. Wir möchten Liebe, Zärtlichkeit, Sorge und Mitleid erfahren, statt dessen leiden wir unter innerer Dunkelheit, Leere und Erstarrung. Ich bete heute abend: Komm, Herr Jesus, komm. Komm nicht so sehr zu unserem Verstand, dringe vielmehr ein in unser Herz – in unsere Leidenschaften, Gemütsbewegungen und Gefühle – und offenbare uns deine Gegenwart im Innersten unseres Seins. Solange du unserem innersten Erfahrungskern fern bleibst, klammern wir uns weiterhin an Menschen, Dinge oder Ereignisse, um ein wenig Wärme und Geborgenheit zu finden. Nur wenn du wirklich kommst, uns wirklich berührst, uns mit deiner Liebe entflammst, nur dann werden wir frei und lassen alle falschen Habseligkeiten fahren. Ohne jene innere Glut bleiben all unsere asketischen Anstrengungen armselig, ja, können wir uns in dem verwickelten Netz unserer eigenen guten Absichten verstricken.

Herr, ich bete, daß deine Kinder deine Nähe erfahren und in deine tiefe, warme, unendlich zarte Liebe versenkt werden. Und mir, o Herr, deinem strauchelnden Freund, erweise deine Barmherzigkeit. Amen.

O Herr, diese heilige Fastenzeit vergeht schnell. Ich trat in sie ein mit Furcht, aber auch mit hohen Erwartungen. Ich hoffte auf einen großen Durchbruch, eine entscheidende Bekehrung, eine echte Herzensumwandlung. Ich wünschte mir ein so lichterfülltes Ostern, daß nicht eine Spur von Dunkelheit in meiner Seele zurückbliebe. Aber ich weiß, daß du nicht in Blitz und Donner zu deinem Volk kommst. Sogar der heilige Paulus und der heilige Franziskus gingen durch viel Dunkelheit hindurch, bevor sie dein Licht sehen konnten. Laß mich dankbar sein für den leichten Weg, auf den du mich führst. Ich weiß, daß du am Werk bist. Ich weiß, daß du mich nicht allein läßt. Ich weiß, daß du mich für das Osterfest bereitest, jedoch so, wie es meiner Vergangenheit und meinem eigenen Temperament entspricht.

Ich bete, daß diese letzten drei Wochen, in denen du mich einlädst, tiefer in das Geheimnis deiner Passion einzudringen, mir ein größeres Verlangen schenken, dir auf dem Weg zu folgen, den du mir bereitet hast, und das Kreuz anzunehmen, das du mir gibst. Laß mich dem Wunsch absterben, mir meinen eigenen Weg aussuchen zu wollen und mir mein eigenes Kreuz zu wählen. Du willst keinen Helden aus mir machen, sondern einen Knecht, der dich liebt.

Sei mit mir, morgen und in den kommenden Tagen, und laß mich deine milde Gegenwart erfahren. Amen.

Mein Herr, zeige mir deine Freundlichkeit und Milde, weil du sanft und demütig von Herzen bist. Ich sage mir so oft: »Der Herr liebt mich«, und doch dringt diese Wahrheit häufig nicht bis auf den Grund meines Herzens. Die Tatsache, daß ich mich bei einer Enttäuschung so leicht aufrege, daß ich mich so schnell über eine geringfügige Kritik ärgere und mich so leicht von einer belanglosen Ablehnung niederdrücken lasse, ist ein Zeichen dafür, daß deine Liebe mich noch nicht gänzlich erfüllt. Warum geriete ich sonst so leicht aus dem Gleichgewicht? Was könnten Menschen mir antun, wenn ich ehrlich überzeugt wäre, daß du mich liebst, für mich sorgst, mich behütest, mich verteidigst, mich leitest und erträgst? Was bedeutet ein kleiner – oder auch ein großer – Fehlschlag, wenn ich weiß, daß du in all meinen Sorgen und Aufregungen bei mir bist? Doch immer und immer wieder muß ich bekennen, daß ich deine Liebe nicht völlig von meinem Verstand in mein Herz sinken ließ, daß ich mein theoretisches Wissen nicht zu wirklicher, tiefer und mein ganzes Sein durchdringender Erkenntnis heranreifen ließ.

In den kommenden Wochen werde ich wieder sehen können, o Herr, wie sehr du mich in Wahrheit liebst. Laß mir diese Wochen zur Gelegenheit werden, meinen ganzen Widerstand gegen deine Liebe aufzugeben, damit du mich in deine größere Nähe rufen kannst. Amen.

O Herr, deine verschwenderische Liebe ist heute in der verschwenderischen Schönheit der Natur sichtbar geworden. Sonnenglanz lag auf den weiten Feldern im Tal von Genesee. Der Himmel war blau mit schönen Wolkengebilden hier und dort. An den kahlen Ästen der Bäume ahnte man schon die grünen Blätter der neuen Jahreszeit; die Felder noch brach, aber schon voller Verheißung. Ich schaute von der Hügelkette über das Tal und war überwältigt von der herben Schönheit dieser Welt. Mich ergriff ein Gefühl der Dankbarkeit, aber auch das Gefühl von der Kürze des Lebens. Als ich den fruchtbaren Boden betrachtete, dachte ich an meine Mutter, die erst vor wenigen Monaten in solch einer Erde begraben wurde, und mit dem Erlebnis der Schönheit stieg zugleich eine seltsame Traurigkeit in mir auf . . . Neues Leben, neue Blätter, neue Blumen, neues Korn; aber in diesem Frühjahr wird sie mich nicht mehr rufen und sagen: »Sieh her, sieh her!«

Aber du, Herr, sagst: »Das Weizenkorn muß sterben, dann bringt es reiche Frucht« (vgl. Joh 12,24). Ich glaube, daß ihr Tod Frucht bringen wird. Der Tag deiner Auferstehung, auf den ich mich vorbereite, ist auch ein Zeichen der Hoffnung für alle, die sterben müssen. So laß meine Trauer ein Schmerz sein, der mich anspornt, dir eifriger auf dem Weg bis ans Kreuz und darüberhinaus nachzufolgen bis zu jenem Ostermorgen mit seinem leeren Grab.

Laß die Schönheit der Landschaft meine Freude ebenso vertiefen wie meinen Schmerz, und so ziehe mich näher an dich, du mein Herr und mein Erlöser. Amen.

Mein Herr, heute spürte ich den Würgegriff meines Ärgers. Ich kam nicht los von meinen heftigen, feindseligen Gefühlen gegen Menschen, die mir ihr Versprechen nicht gehalten haben, und ich dachte mir andauernd zornige Reden und rachsüchtige Vorwürfe aus. Obgleich ich dabei versuchte, mich dir zuzuwenden, fand ich keinen Weg, von diesen Gefühlen wegzukommen. Immer wieder entdeckte ich mich mitten in meiner Wut und konnte nichts anderes tun, als sie dir darzubringen. Ich erkannte an meinem Ärger, wie sehr ich noch dieser Welt und ihren Versprechungen und Belohnungen verhaftet bin. Ich merkte sogar, daß mein innerer Aufruhr mit dem äußeren Anlaß, der ihn hervorgerufen hatte, in keinerlei Verhältnis stand. Aber ich konnte nicht aus meinem Ärger heraus.

Ich bin vor dir gedemütigt, Herr, und ich bin mir bewußt, wie sehr ich von deiner Gnade abhänge, um die Sanftmut und Güte deines Herzens zu erlangen, nach denen ich mich sehne. Ich bin jetzt viel ruhiger, besonders, nachdem ich etwas von meinen Gefühlen des Ärgers niedergeschrieben habe. Aber, Herr, stell mich nicht zu oft auf die Probe. Ich möchte weniger von meinem Ärger und mehr von deiner Süßigkeit und Liebe verkosten. Gib meinem Herzen Frieden. Amen.

Mein Herr, bei dem unerwarteten Schneefall heute kam mir der Gedanke, wie vorsichtig ich mit meinen Voraussagen sein muß. Gerade als ich mich auf Frühling und milderes, sonnigeres Wetter eingestellt hatte, schien der Winter wieder einzubrechen. Gibst du mir damit nicht eine wichtige Mahnung?

Gewöhnlich projiziere ich meine jeweilige Verfassung auf die Zukunft. Wenn es dunkel in mir ist, sieht auch die Zukunft dunkel aus; ist es in mir hell, sieht die Zukunft hell aus. Aber wie kann ich mich vermessen vorauszusehen, wie mein Leben morgen, nächste Woche, nächstes Jahr oder in zehn Jahren aussehen wird? Mehr noch, wer bin ich, daß ich wissen könnte, wer du im nächsten Jahr für mich sein wirst? O Herr, ich will dich nicht auf meine eigenen begrenzten und begrenzenden Ideen und Gefühle festlegen. Du kannst so viel mit mir anfangen, so vieles tun, was mir absolut unmöglich erscheint. Ich möchte mich wenigstens offenhalten, damit dein Geist ungehindert in meinem Leben wirken kann. Warum sage ich mir ständig vor: »Ich werde nie ein Heiliger werden. Ich werde meine Impulse und Wünsche niemals beherrschen können«? Wenn ich mir das immer wieder einrede, hindere ich dich vielleicht daran, mich tief innerlich zu berühren und zu heilen.

O Herr, mach mich frei für dein Kommen, wann und wie du es willst. Amen.

Herr, hilf mir, meine Augen auf dich gerichtet zu halten. Du bist die menschgewordene Liebe Gottes, du bist die Offenbarung des unendlichen göttlichen Erbarmens, du bist die sichtbare Kundgabe der Heiligkeit des Vaters. Du bist Schönheit, Güte, Vergebung und Barmherzigkeit.

In dir findet sich alles. Außerhalb von dir kann nichts gefunden werden. Warum sollte ich anderswohin schauen und gehen?

Du hast Worte des ewigen Lebens, du bist Speise und Trank, du bist der Weg, die Wahrheit und das Leben. Du bist das Licht, das in die Dunkelheit scheint, die Lampe auf dem Leuchter, die Stadt auf dem Berge. Du bist das vollkommene Abbild Gottes. In dir und durch dich kann ich den himmlischen Vater sehen, und mit dir kann ich den Weg zu ihm finden. Du Heiliger, Schönster, Herrlicher, sei du mein Herr, mein Heiland, mein Erlöser, mein Weggefährte, mein Tröster und mein Helfer, meine Hoffnung, meine Freude und mein Friede.

Dir möchte ich alles geben, was ich bin. Mach mich großmütig, nimm von mir meinen Kleinmut und meine Zaghaftigkeit. Laß mich dir alles schenken, alles, was ich habe, denke, tue und fühle. Es gehört dir, o Herr. Ich bitte dich, nimm es an und laß es ganz dein eigen sein. Amen.

Mein Herr, dein Apostel Petrus wollte wissen, wer dich verraten würde. Du deutetest auf Judas, aber etwas später auch auf ihn. Judas hat dich verraten, Petrus hat dich verleugnet. Judas erhängte sich, Petrus wurde der Apostel, den du zum Ersten unter seinesgleichen machtest. Herr, gib mir Glauben, Glauben an deine unendliche Barmherzigkeit, deine grenzenlose Vergebung, deine unergründliche Güte. Laß mich nicht versucht werden zu denken, daß meine Sünden zu groß sind, um Verzeihung zu finden, zu abscheulich, um nicht von deiner Barmherzigkeit eingeholt zu werden. Laß mich dir niemals davonlaufen, sondern immer und immer wieder zu dir zurückkehren und dich bitten, mein Herr, mein Hirte, meine Stärke und meine Zuflucht zu sein. Birg mich unter deinem Flügel, Herr, und laß mich erfahren, daß du mich nicht zurückstößt, solange ich nicht nachlasse, deine Verzeihung zu erflehen. Vielleicht nehme ich mich zu wichtig, zu bedeutend, wenn ich meine, daß ich deiner Umarmung nicht mehr würdig sei. Herr, schau auf mich, nimm mein Gebet an, wie du das Gebet des Petrus angenommen hast, und laß mich nicht wie Judas bei Nacht von dir weglaufen.

Segne mich, Herr, in dieser Karwoche, und gib mir die Gnade, deiner liebenden Gegenwart tiefer innezuwerden. Amen.

Herr, was kann ich dir in dieser heiligen Nacht sagen? Gibt es irgendein Wort, das aus meinem Mund kommen könnte, irgendeinen Gedanken, irgendeinen Satz? Du bist für mich gestorben, du hast alles für meine Sünden hingegeben, du bist für mich nicht nur Mensch geworden, sondern du hast den grausamsten Tod für mich erlitten. Gibt es dafür irgendeine Gegengabe?

Ich wünschte, ich könnte eine angemessene Antwort finden, aber wenn ich dein heiliges Leiden und Sterben betrachte, kann ich nur in Demut bekennen, daß jegliche Antwort angesichts der Unermeßlichkeit deiner göttlichen Liebe völlig versagt. Laß mich einfach dastehen und auf dich schauen.

Dein Leib ist gebrochen, dein Haupt verwundet, deine Hände und Füße sind von Nägeln zerrissen, deine Seite ist durchbohrt. Dein Leichnam ruht nun in den Armen deiner Mutter. Jetzt ist alles vorüber. Es ist zu Ende. Es ist vollbracht. Es ist erfüllt. Lieber und gütiger Herr, großmütiger und verzeihender Herr, ich bete dich an, ich preise dich, ich danke dir. Durch dein Leiden und Sterben hast du alles neu gemacht. Dein Kreuz ist in dieser Welt als neues Zeichen der Hoffnung aufgerichtet worden.

Laß mich immer unter deinem Kreuz leben, o Herr, und die Hoffnung auf dein heiliges Kreuz unaufhörlich verkünden. Amen.

III

Hoffnungsstrahlen

Die Osterzeit ist eine Zeit der Hoffnung. Da ist noch Furcht, da ist noch schmerzliches Sündenbewußtsein, aber da ist auch sieghaftes Licht. Da geschieht etwas Neues, jenseits der Wechselfälle unseres Lebens. Wir können heiter oder traurig, optimistisch oder pessimistisch, ruhig oder aufgeregt sein: der mächtige Strom der Gottesnähe hat größeren Tiefgang als die kleinen Wellen unseres Geistes und Herzens. Ostern bringt die Erkenntnis, daß Gott zugegen ist, selbst wenn seine Anwesenheit nicht unmittelbar wahrgenommen wird. Ostern bringt die Frohe Botschaft, daß der Böse schon bezwungen ist, obgleich es in der Welt immer schlimmer zuzugehen scheint. An Ostern können wir versichern, daß der Herr uns auf dem Wege begleitet und uns die Schrift auslegt, wenn Gott auch noch so fern zu sein scheint und wir uns weiter mit vielen Kleinigkeiten herumschlagen. So fällt das Licht von vielen Hoffnungsstrahlen auf unseren Lebensweg.

Mein Herr, auferstandener Herr, Licht der Welt, dir sei Lobpreis und Herrlichkeit! Dieser Tag, der so erfüllt ist von deiner Gegenwart, deiner Freude und deinem Frieden, ist wirklich dein Tag!

Ich komme gerade von einem Spaziergang durch die dunklen Wälder zurück. Es war kühl und windig, aber alles sprach von dir. Alles: die Wolken, die Bäume, das nasse Gras, das Tal mit seinen fernen Lichtern, das Rauschen des Windes. Alles sprach von deiner Auferstehung, alles brachte mir zu Bewußtsein, daß wirklich alles gut ist. In dir ist alles gut geschaffen worden, und durch dich ist die ganze Schöpfung erneuert und noch herrlicher geworden, als sie im Anfang war. Als ich am Ende dieses von inniger Freude erfüllten Tages durch die dunklen Wälder ging, da hörte ich, wie du Maria von Magdala beim Namen riefst; ich hörte, wie du deinen Aposteln vom Ufer des Sees zuriefst, ihre Netze auszuwerfen. Ich sah dich auch durch die verschlossenen Türen in den Saal eintreten, in dem deine Jünger voll Furcht versammelt waren. Ich sah deine Erscheinung am Ende des Dorfes und auf dem Berge. Wie vertraut sind doch diese Begebenheiten! Sie sind wie besondere Gunsterweise an gute Freunde. Sie sollten nicht irgend jemand beeindrucken oder ihn überwältigen, sondern beweisen, daß deine Liebe stärker ist als der Tod.

Herr, jetzt weiß ich, daß du in der Stille, in einem ruhigen Augenblick, in einem vergessenen Winkel mir begegnen, mich bei meinem Namen rufen und mir ein Wort des Friedens sagen wirst. In meiner stillsten Stunde wirst du der auferstandene Herr für mich werden.

Lieber Herr, ich bin so dankbar für alles, was du mir in der vergangenen Woche geschenkt hast. Bleibe auch künftig bei mir.

Segne alle, die in dieser Welt leiden, und schenke den Deinen, die du so sehr geliebt hast, daß du dein Leben für sie dahingabst, den Frieden. Amen.

Herr, die Frauen, die den Engel am leeren Grab gesehen hatten, eilten in Schrecken und Freude zurück. Aber zugleich fürchteten sie sich. Ich habe das heute selbst erlebt. Ich bin in diesen Ostertagen voller Freude, aber ich spüre noch Angst, Besorgnis und Distanz. Herr, ich weiß nicht, ob ich dich erkennen würde, wie Maria Magdalena, die Apostel und die Emmausjünger dich erkannten. Ist mein Herz fähig, dich zu erkennen? Habe ich dir wirklich meine volle Aufmerksamkeit zugewandt, wenn du in all den Jahren zu mir sprachst? Habe ich Augen zu sehen und Ohren zu hören? Herr, ich bitte dich, geh nicht achtlos an mir vorüber. Zeige mir dein liebendes Angesicht, laß mich deine tröstende Stimme hören; dann wird sich alles wenden. Laß mich nicht so sehr mit den Dingen dieser Welt beschäftigt sein, daß ich nicht einmal merke, daß etwas geschieht, was tatsächlich Wirklichkeit ist!

Komm, Herr, zeige mir dein Angesicht und ziehe mich immer näher hin zu dir. Amen.

Mein Herr, nach deiner Auferstehung hast du deinen Jüngern den Sinn der Schrift erschlossen. Du hast ihnen erklärt, daß Mose, die Propheten und die Psalmen von dir gesprochen hatten. Du hast ihnen das große Geheimnis offenbart, daß du leiden mußtest, um so in deine Herrlichkeit einzugehen.

Heute abend bitte ich dich um ein stets wachsendes Verständnis für die Heilige Schrift und um immer größere Erkenntnis, daß du ihr Mittelpunkt bist, oder – um mit Vincent van Gogh zu sprechen – daß dein Evangelium der Gipfel des Berges ist, dessen Abhänge das Alte Testament und die Apostelbriefe bilden. Laß mich sehen, daß du in den Psalmen, in den Propheten und in der großen Geschichte des Volkes Israel zugegen bist, und laß mich durch diese Erkenntnis meine eigene Geschichte, die Geschichte meines Lebens, meinen eigenen Kampf und meinen eigenen Schmerz besser verstehen.

Herr, ich bitte dich, geselle dich mir auf dem Wege zu, tritt durch meine verschlossenen Türen und nimm meine Torheit von mir. Öffne mir Herz und Sinn für das große Geheimnis deiner wirkmächtigen Gegenwart in meinem Leben und gib mir den Mut, anderen zu helfen, deine Gegenwart auch in ihrem Leben zu entdecken.

Dank dir, Herr, für diesen Tag. Amen.

Mein Herr, ich habe heute über die geheimnisvolle Begegnung mit deinen Jüngern am Ufer des Sees Genesaret nachgedacht. Sie haben mit dir Frühmahl gehalten. Du hast sie tatsächlich eingeladen. Du »tratest heran, nahmst das Brot und gabst es ihnen, ebenso den Fisch« (vgl. Joh 21, 13).

Ich verweile bei dieser geheimnisvollen Begegnung. Ich fühle mich von der Nähe angezogen, ahne aber auch etwas wie Ferne; ich spüre die Ungezwungenheit, weiß aber auch, daß da eine gewisse Zurückhaltung herrscht; ich bin von der Freude, aber dabei auch von der ehrfürchtigen Scheu ergriffen; ich weiß, daß du da bist, aber ich erfahre auch deine Abwesenheit. Ich kann wirklich begreifen, daß keiner von deinen Jüngern wagte, dich zu fragen: »Wer bist du?«

Herr, du gibst mir zu verstehen, daß du, während du dich mir offenbarst, dich zugleich verbirgst; während du mich einlädst, mit dir zu essen, mir gleichzeitig verwehrst, dich zu berühren. Ich fühle oft diese Spannung in mir und wünschte, daß sie aufhört. Ich wünsche mir keine Distanz, keine Furcht, keine Sorge. Aber wie dürfte ich so verwegen sein, um so etwas überhaupt zu bitten? Laß mich dankbar sein, Herr, daß du mich Sünder rufst und mir Brot und Fisch gibst. Ich könnte deinen Glanz noch nicht ertragen. Ich würde sterben. Du verbirgst dich, damit ich leben kann und geläutert werde. Dank dir, Herr. Amen.

Mein Herr, heute nachmittag tauschte ich mich mit einem Mönch über mein Schuld- und Sündenbewußtsein aus. Er gab mir einen guten Rat. Er drängte mich immer wieder, von meiner Selbstanalyse und Selbstbeschäftigung abzulassen und mich darauf zu konzentrieren, dir meine Liebe zu beteuern.

Am hilfreichsten war mir seine Bemerkung, daß nichts Furchtbareres mehr geschehen kann als das, was bereits geschehen ist: dein Tod, o Herr, der das furchtbarste, verbrecherischste und grauenhafteste Geschehen der ganzen Weltgeschichte ist. Wir Menschen haben dich getötet, dich, unseren Bruder, den Sohn des Höchsten. Was immer geschehen mag – Hungersnot, Unterdrückung oder Krieg –, kann niemals schlimmer sein als das, was damals geschah. Aber du hast das Schlimmste überwunden. Du hast uns nicht verstoßen, sondern du hast deinen Tod zum Zeichen unserer Erlösung gemacht. Deine Liebe offenbarte sich uns vollkommen in deinem Tod und durch ihn. Soviel Böses ich auch getan habe oder tun werde, du hast es schon durchlitten und mir gezeigt, daß es niemals so böse ist, als daß ich nicht zu dir zurückkehren könnte. O Herr, laß mich nie an deiner Verzeihung zweifeln; laß mich immer daran denken, daß du für meine Sünden gestorben und von den Toten erstanden bist als Zeichen deiner barmherzigen Liebe. Nicht meine Schuld, sondern deine Liebe leite mich. Amen.

Herr Jesus, gib mir ein wachsendes Verlangen nach Gebet. Es fällt mir immer recht schwer, dir meine Zeit großmütig zu schenken. Ich bin noch immer so gierig nach Zeit – Zeit, um nützlich, tauglich und erfolgreich zu sein, Zeit, um etwas zu leisten, um mich auszuzeichnen, um etwas zu schaffen. Aber du, mein Herr, verlangst nichts anderes, als daß ich im demütigen Eingeständnis meiner Nacktheit und im schonungslosen Bekenntnis meiner Sünden einfach vor dir stehe, damit du mein Herz mit den Strahlen deiner Liebe durchdringen kannst und mir das tiefe Wissen schenkst, daß ich dich deshalb lieben kann, weil du mich zuerst geliebt hast; daß ich mich annehmen kann, weil du mich zuerst angenommen hast; daß ich Gutes tun kann, weil du mir zuerst deine Güte erwiesen hast.

Was also hält mich zurück? Was macht mich so zögernd und kleinlich, so vorsichtig und berechnend? Zweifle ich immer noch daran, daß ich nichts brauche außer dir? Möchte ich mir immer noch für den Fall, daß du nicht zum Zug kommst, gleichsam eine Reserve schaffen? Ich bitte dich, Herr, hilf mir, diese Kindereien aufzugeben, und laß mich dich mit freiem Herzen, kühn und großmütig lieben. Amen.

Mein Herr, während das Leben hier im Kloster ruhig und friedlich verläuft und die Tage im freudigen Rhythmus der Liturgie und in harmonischem, brüderlichem Zusammenleben vorbeigehen, empfinden die meisten Menschen unsere Zeit als apokalyptisch, voll von Gefahr und Bedrohung. Die Möglichkeit eines Atomkrieges besteht ja tatsächlich; in vielen Teilen der Welt wird der Hunger immer größer; Gewalttätigkeit und Haß füllen die Schlagzeilen der Tageszeitungen, und Millionen von Menschen wissen nicht, wie sie ein weiteres Jahr, eine Woche oder auch nur einen Tag durchstehen werden.

Ich bitte heute abend für alle, die in dieser Welt Zeugnis von dir geben: Seelsorger, Priester und Bischöfe, Männer und Frauen, die dir ihr Leben geweiht haben, und all jene, die sich bemühen, das Licht der Frohbotschaft in das Dunkel dieser Zeit zu tragen. Gib ihnen Mut, Kraft, Ausdauer und Zuversicht; erfülle ihnen Sinn und Herz mit dem Wissen um deine Nähe und laß sie erfahren, daß dein Name ihre Zuflucht in jeder Gefahr ist. Vor allem aber gib ihnen die Freude deines Geistes, so daß sie, wohin sie auch gehen und wem immer sie begegnen, den Schleier von Verzagtheit, Fatalismus und Niedergeschlagenheit zerreißen und den vielen Menschen in ihrer beständigen Todesangst neues Leben bringen können. Herr, sei mit allen, die das Evangelium verkünden. Amen.

Mein Herr, du hast einmal gesagt: »Es ist der Wille dessen, der mich gesandt hat, daß ich keinen von denen, die er mir gegeben hat, verlorengehen lasse« (Joh 6,39). Diese Worte sind heute ein Quell des Trostes. Sie zeigen, daß du alles tust, was nur getan werden kann, um mich in deiner Liebe zu bewahren; daß du wirklich in diese Welt gekommen bist, um mich zu erlösen, mich von den Fesseln des Bösen und der Sünde zu befreien und mich in das Haus deines Vaters zu führen; daß du bereit bist, gegen die Mächte und Gewalten zu kämpfen, die mich von dir fortziehen. Herr, du willst mich bewahren, an mir festhalten, für mich streiten, mich behüten, mir helfen, mich stützen, mich trösten und mich deinem Vater vorstellen. Du hast tatsächlich die göttliche Aufgabe, mich nicht zu verlieren! Und dennoch bin ich frei. Ich kann mich von dir trennen, und diese Freiheit wirst du mir niemals nehmen. Welch ein Wunder der Liebe, welch ein Geheimnis der göttlichen Gnade! Ich bitte dich, Herr, laß mich in Freiheit deine Liebe wählen, damit ich dir nicht verlorengehe. Amen.

Mein Herr, Philippus schloß sich einem äthiopischen Pilger an, der von Jerusalem in seine Heimat zurückkehrte. So wie du deinen Jüngern auf dem Weg nach Emmaus die Schrift erklärtest, so erschloß auch Philippus diesem Pilger den Sinn der Schrift und bewies ihm, daß sie von dir redet. Ich bete, daß mein Dienst am Glauben darin besteht, mich den Menschen auf ihrem Pilgerweg anzuschließen und ihnen die Augen zu öffnen, damit sie dich erkennen. Viele sind auf der Suche. Oft studieren, lesen, diskutieren und schreiben sie, um Antwort auf ihre tiefsten Fragen zu finden. Aber viele tappen beständig im Finstern.

Gib mir den Mut, auf sie zuzugehen und ihnen, wie Philippus es getan hat, zu sagen: »Verstehst du auch, was du liest?« (Apg 8, 32). Gib mir das rechte Wort und die Überzeugungskraft, um ihnen von dir zu sprechen, der du der Weg, die Wahrheit und das Leben bist. Gib mir die Unterscheidungsgabe, um zu wissen, wann der Augenblick gekommen ist, daß sie bereit sind, im Wasser und im Heiligen Geist getauft zu werden.

Aber ich bitte dich, Herr, gib mir auch den Mut, den du Philippus verliehen hast, als du ihm sagtest: »Geh und folge diesem Wagen« (Apg 8, 29). Du weißt, daß ich schüchtern und furchtsam bin. Mach mich vertrauend und frei. Amen.

Herr, befreie mich von meiner dunklen Vergangenheit. Oft habe ich das Gefühl, in sie zu versinken wie in eine tiefe Zisterne. Du bist das Licht, das in diese Welt gekommen ist, damit jeder, der glaubt, nicht in der Finsternis zu bleiben braucht. Laß nicht zu, daß ich in mein eigenes dunkles Loch zurückfalle, Herr, sondern hol mich durch dein warmes, mildes, lebenspendendes Licht aus meinem Grab heraus. Als Vincent van Gogh die Auferweckung des Lazarus malte, da malte er dich als Sonne. Damit wollte er seine eigene Befreiung aus der dunklen Kerkerhaft seiner Vergangenheit zum Ausdruck bringen.

Herr, zeige mir immerfort dein Licht und gib mir die Kraft, aufzustehen und dir zu folgen, ohne je zurückzuschauen. Du bist meine Stärke, meine Zuflucht und meine feste Burg. Solange ich meine Augen auf dich richte, habe ich keinen Grund, auf frühere Geschehnisse, frühere Pläne, frühere Ideen zurückzukommen. In deinem Licht wird alles neu. Laß mich ganz dein eigen sein. Amen.

Mein Herr, mitten in großer innerer Erregung und Unruhe ist es ein tröstlicher Gedanke, daß du vielleicht auf eine Weise in mir wirkst, die ich noch nicht fühlen, erfahren oder verstehen kann. Ich kann meine Gedanken nicht auf dich konzentrieren. Mein Herz ist nicht fähig, gesammelt zu bleiben, und es scheint, als hieltest du dich fern und hättest mich allein gelassen. Aber im Glauben klammere ich mich an dich. Ich glaube, daß dein Heiliger Geist tiefer und weiter reicht als mein Verstand oder mein Herz und daß tiefgreifende Entwicklungen nicht sofort erkennbar sind.

Darum, Herr, verspreche ich dir, nicht wegzulaufen oder aufzugeben. Ich will nicht nachlassen zu beten, auch wenn alles unnütz, sinnlos und Verschwendung von Zeit und Anstrengung zu sein scheint. Ich möchte dir beweisen, daß ich dich liebe, obgleich ich oft verzweifelt bin. Laß mich so ein wenig mit dir und für dich sterben, um auf diese Weise meiner Solidarität mit den Millionen von Menschen auf der ganzen Welt innezuwerden, deren Leiden viel größer als mein eigenes Leiden ist. Amen.

Herr, ich stelle dir alle Menschen vor, die auf der Suche nach einer fruchtbaren, liebenden Beziehung enttäuscht werden. Viele Alleinstehende sind einsam und fühlen sich unfähig zu einer Freundschaftsbeziehung von Dauer; Verheiratete sind in ihrer Ehe gescheitert und gehen getrennte Wege; viele Kinder finden keinen Zugang zu den Eltern, und viele Eltern haben Angst vor ihren Kindern bekommen. Überall um mich her sehe ich Hunger nach Liebe und zugleich die Ohnmacht, sie tief und dauerhaft zu erleben.

O Herr, schau in Gnaden auf dein Volk und schenk ihm deine Liebe – nicht wie eine Idee oder Vorstellung, sondern als lebendige Erfahrung. Wir können einander nur deshalb lieben, weil du uns zuerst geliebt hast. Laß uns deine zuvorkommende Liebe so begreifen, daß wir in aller menschlichen Liebe den Widerschein einer größeren Liebe erkennen, einer Liebe ohne Bedingungen und Einschränkungen.

Heile die Wunden derer, die sich zutiefst verletzt, abgewiesen, unverstanden oder gar ausgenützt fühlen. Erweise ihnen deine heilende Liebe und zeige ihnen den Weg zu Vergebung und Versöhnung. Amen.

IV

Die Kraft des Geistes

Der Heilige Geist, den Jesus seinen Jüngern verheißen hat, ist das große Geschenk Gottes. Ohne den Geist Jesu können wir nichts tun, aber in seinem Geist und durch seinen Geist können wir in Freiheit, Freude und Zuversicht leben. Wir selber können nicht beten, aber der Geist Christi kann in uns beten. Wir können weder Frieden noch Freude schaffen, aber der Geist Christi kann uns mit seinem Frieden und einer Freude erfüllen, die nicht von dieser Welt sind. Wir können die vielen Barrieren zwischen Rassen, Geschlechtern und Nationen nicht durchbrechen, aber der Geist Christi eint alle Menschen in der allumfassenden Liebe Gottes. Der Geist Christi verzehrt mit seinem Feuer unsere vielen Befürchtungen und Ängste und macht uns frei für jedes Werk, zu dem wir gesandt werden. Das ist die große Befreiung von Pfingsten.

O Herr, zeige mir den Weg der Armut. Es ist so klar, daß Hab und Gut viele trügerische Sorgen mit sich bringen und mich hindern, auf dich zu schauen. Du bist die ganze Zeit bei mir, du möchtest mit mir sprechen, du willst mich führen, belehren, beraten und mir zeigen, wohin ich gehen soll. Ich weiß, daß du an der Tür stehst und anklopfst. Aber ich bin so sehr mit anderen Dingen beschäftigt, daß ich dich nicht hören kann; so sehr von all dem, was ich lesen, schreiben, sagen oder tun sollte, in Anspruch genommen, daß ich nicht merke, daß diese Probleme gar nicht existierten, wenn ich dir lauschen würde und aufhörte, meine innere Unrast abzuhorchen.

Hilf mir, Herr, in jeder Hinsicht arm zu werden. Zeige mir, wie ich mit dem Geld umgehen soll, das ich verdiene; zeige mir, wie ich das Wissen, das ich mir erworben habe, anwenden soll; zeige mir, wie ich die Beziehungen und Kontakte pflegen soll, die zu einem festen Bestandteil meines Lebens geworden sind. Laß all dies mich nicht hindern, dir zu folgen, laß es vielmehr dir und deinem Reich dienstbar sein. Mach mich frei von all meinen falschen Sorgen und Interessen und gib mir ein armes, freies Herz, damit du allein mein Herr bist. Amen.

Mein Herr, hilf mir, standhaft und treu zu bleiben, wenn für mich der Tag kommt, an dem ich selber zu spüren bekomme, daß die Welt dich haßt und alle, die an dich glauben. Die vertraute Freundschaft, die du mir schenkst, ist nicht von dieser Welt. Sie gründet sich nicht auf Wettbewerb, Rivalität, Erfolg, Eifersucht und Argwohn. Sie wird nicht durch Schliche oder gar durch Erpressung gewonnen. Deine Liebe und Güte sind ungeschuldete Gaben aus der Überfülle deines Herzens. Dein Friede und deine Freude sind Strömen gleich, die aus deinem tiefsten Inneren sich unaufhaltsam über dein Volk ergießen. Aber die Welt, in der ich lebe, hat andere Wege und andere Gesetze und beantwortet deine überströmende Liebe mit Haß und Verfolgung.

Ich weiß nicht, ob ich bereit bin, das zu ertragen. Ich bin schwach, furchtsam und gerate leicht in Zweifel. Aber ich vertraue, daß du mir zur Seite stehen und mir die rechten Worte eingeben wirst, wenn die Stunde kommt, um von deiner Liebe Zeugnis abzulegen. Für jetzt aber, Herr, gib mir ein tieferes Verständnis für deine Liebe. Amen.

Mein Herr, am Abend dieses Himmelfahrtstages bin ich voller Dankbarkeit. Am heutigen Tag bist du von uns gegangen, und das große Geheimnis deiner Menschwerdung hat sich in seiner ganzen Fülle geoffenbart. Dein irdisches Leben, das mit der Erscheinung Gabriels bei deiner Mutter begonnen hatte, war abgeschlossen, als du in einer Wolke emporgehoben und den Blicken deiner Jünger entzogen wurdest. Du, Herr, Sohn Gottes und Menschensohn, Emmanuel, Messias, Erretter aller Völker, du hast wirklich alles, was menschlich ist, mit uns geteilt und unsere Menschheit zur Rechten deines himmlischen Vaters erhoben. Als deine Freunde, die du zurückgelassen hattest, dich nicht mehr sahen, da hattest du deine göttliche Sendung erfüllt. Du hast uns alles gelehrt, was wir wissen müssen; du hast alles getan, was getan werden konnte; du hast uns alles gegeben, was du hattest.

Was wäre aus meinem Leben geworden, wenn ich dich nicht gekannt hätte? All meine Freuden und Leiden sind mit deinem Kommen in diese Welt verbunden.

Dank dir, Herr, daß du auf unserer Erde gelebt und mich berufen hast, allen Menschen deine Lebensgeschichte zu erzählen. Amen.

O Herr, selbst wenn ich alles über dich wüßte, wenn ich alle Schriften gründlich studiert hätte, und wenn ich voller Verlangen und Bereitschaft wäre, in deinem Dienst zu arbeiten, so vermag ich nichts ohne die Gabe deines Geistes. Ich sehe oft, daß eine noch so deutliche Vorstellung von dem eigentlichen Leben und ein noch so aufrichtiger Wunsch, dementsprechend zu leben, nicht genügen, um mich zu einem wahren Jünger zu machen. Nur wenn dein Geist in die Tiefe meines Wesens eingedrungen ist, kann ich ein echter Christ sein, ein Mensch, der in dir, mit dir und durch dich lebt.

Du hast deinen Freunden eingeschärft, Jerusalem nicht zu verlassen, sondern »in der Stadt zu bleiben, bis sie mit der Kraft aus der Höhe erfüllt würden« (vgl. Lk 24,49).

Herr, ich bitte dich um die Kraft deines Geistes. Laß diese Kraft mich durchdringen und zu einem wahren Jünger umgestalten, der dir bereitwillig auch dahin folgt, wohin er selber lieber nicht ginge. Amen.

Mein Herr, du kamst in diese Welt nicht als irgendein Mensch, sondern ausdrücklich als ein Jude. Ich kann deine Worte, deine Gesten und deine Taten niemals ganz verstehen, wenn ich mir dein Judentum nicht vergegenwärtige. Es wird mir jeden Tag deutlicher bewußt, daß die Juden mir viel zu sagen haben, nicht nur über das Alte Testament und über die jüdische Religion, sondern auch über dich selbst.

Herr, ich bete für die Juden. Gib ihnen Frieden und Freiheit nach so vielen Jahrhunderten der Verfolgung und Unterdrückung; gib ihnen eine sichere Heimat in Israel, wo sie ohne Furcht kommen und gehen, wohnen und arbeiten können. Gib ihnen eine tiefe Liebe zu ihrer eigenen Geschichte und Tradition, gib ihren Kindern den »Schalom« in seiner vollen Bedeutung von leiblichem, geistigem und spirituellem Wohlergehen.

Ich bete besonders, daß du den Juden die Großmut schenkst, uns Christen die Grausamkeiten und Greueltaten zu vergeben, die wir ihnen und ihren Vorfahren angetan haben.

Endlich bete ich, daß die Juden dich mehr und mehr als einen der Ihrigen erkennen: einen Bruder, einen Rabbi, einen Lehrer, der das jüdische Gesetz ehrte und achtete und der in der Tradition der großen Propheten sprach.

O Herr, vertiefe meine Liebe zu deinem Volk. Amen.

Herr, rüttle die Völker der Erde und die Regierenden auf, damit sie den Wahnsinn des atomaren Wettrüstens einsehen. Heute begehen wir den Trauertag für die Toten der vergangenen Kriege, aber wer denkt schon daran, über die Toten des nächsten Krieges zu trauern? Herr, halte uns von unserem törichten Rennen in die eigene Vernichtung zurück; laß uns begreifen, daß immer mehr Rüstungspotential im Grunde nur die Möglichkeit vergrößert, es auch anzuwenden. Herr, laß die Talente, die du deinen Geschöpfen anvertraut hast, nicht in die Hände jener Mächte und Gewalten fallen, denen Tod ebenso sehr Mittel wie Zweck ist. Laß uns erkennen, daß die reichen Schätze, die deine Welt birgt, dazu dienen sollen, einander zu ernähren, zu heilen, Obdach zu bieten und unsere Erde so wohnlich zu machen, daß Männer, Frauen, Kinder aller Rassen und Nationen friedlich miteinander leben können.

Sende uns neue Propheten, die offen, überzeugend und liebevoll zu Präsidenten und Ministern, Kirchenführern und allen Männern und Frauen guten Willens sprechen können und uns statt zum Krieg zum Frieden führen. Herr, eile, uns zu helfen. Komm nicht zu spät. Amen.

O Herr, die Worte zwischen Elisabet und deiner heiligen Mutter sind so reich, tief und schön, daß ich mich schwer entschließen kann, bei welchem Wort ich verweilen soll. Aber es ist wichtig, im Auge zu behalten, daß Elisabet deine Mutter nicht wegen ihrer Reinheit, Weisheit oder Schönheit selig pries, sondern wegen ihres Glaubens an die Verheißung, die ihr gegeben ward.

»Der Heilige Geist wird über dich kommen, und die Kraft des Höchsten wird dich überschatten« (Lk 1,35). Diese Verheißung an deine Mutter wurde die Verheißung für deine Jünger, als du von ihnen gingst, und es ist die Verheißung, die mir in diesen Tagen Zuversicht gibt.

Gib mir den Glauben deiner Mutter und laß deine Verheißung sich an mir erfüllen. Sende deinen Heiligen Geist, damit du durch deinen Geist in mir Wohnung findest. Amen.

Mein Herr, dein Geist verleihe mir die Kraft, alle Zaghaftigkeit, Scheu und Furcht zu überwinden. Gib, daß ich mich dir mit seiner Hilfe dankbar erweise und freimütig von dir zu allen spreche, denen ich begegne, und mich entschlossen für das Kommen deines Reiches einsetze. Du, Herr, hast mich nicht nur im Wasser, sondern auch im Heiligen Geist getauft. Laß mein Leben ein sichtbares Zeugnis dieser Taufe sein. Laß mich deine Nähe nicht nur im Dunkel des Glaubens erfahren, sondern gib mir ein neues Gespür, mit dem ich eine Wirklichkeit sehen, hören, fühlen, berühren und sogar verkosten kann, die über das Fassungsvermögen meiner natürlichen Sinne weit hinausgeht. Dein Geist sende Versöhnung, Freude, Frieden, Milde und Großmut in die Herzen all jener, mit denen ich zusammen lebe und arbeite. Aber vor allem, Herr, laß die Liebe deines Geistes mich so sehr erfüllen, daß alles, was ich denke, sage oder tue, aus Liebe zu dir geschehe, der du um meinetwillen gelebt hast, gestorben und von den Toten auferstanden bist. Amen.

Mein Herr, als dein Geist auf deine Jünger herabkam, redeten sie in den Sprachen ihrer Zuhörer, die gekommen waren, um ihre Botschaft zu vernehmen. Heute abend bete ich, daß dein Geist in unserer Zeit die vielen Schranken durchbreche, durch die Nationen und Völker voneinander getrennt sind. Laß unter uns Bewohnern der Erde Einheit herrschen. Gib uns Kraft, unsere körperlichen, gefühlsmäßigen und seelischen Verschiedenheiten hintanzusetzen und zu begreifen, daß dein Heiliger Geist uns eint, indem er uns allen an deinem eigenen göttlichen Leben Anteil schenkt.

Dein Geist öffne uns Augen und Ohren für deine immerwährende Gegenwart unter uns. Gib, daß wir dich erkennen, wenn wir einander dienen, uns gemeinsam für Frieden und für eine bessere Welt einsetzen. Ohne deinen Geist sind wir ohnmächtig, aber mit und in deinem Geist können wir die Welt erneuern. Laß uns nicht allein, sondern sende deinen Geist in unsere Herzen, damit wir alle zusammen den Tag deiner glorreichen Wiederkunft vorbereiten und alle Tage unseres Lebens dich preisen, dir danken und dich verherrlichen können. Amen.

Herr, ich bitte dich, laß deinen Geist sein Werk der Erneuerung in mir vollbringen, auch wenn ich seine Nähe nicht unmittelbar erfahre. Ich würde am liebsten einen plötzlichen Sturm erleben, feurige Zungen sehen, in fremden Sprachen reden und von deinem Geist so erfüllt sein, daß ich allen Menschen, die mir nur zuhören wollten, nichts anderes als die Großtaten Gottes verkündete. Aber das ist eher ein Zeichen von Ungeduld als von Glauben, eher Geltungsdrang als stille Zuversicht, eher Leidenschaftlichkeit als tiefe, beständige Liebe. Du sendest wirklich deinen Geist, Herr, ich weiß es. Ich habe sogar schon nach wenigen Wochen meines Hierseins dein Wirken in meiner Seele gespürt, ein ganz stilles, beständiges Wirken. Meine Erfahrungen von Dunkelheit, meine Gefühle von Schuld und Verzweiflung haben an Stärke verloren, die Augenblicke von Ruhelosigkeit und Erschöpfung werden seltener, und mitten in all meinen Zerstreuungen merke ich doch, daß mein innerer Blick sich dir leichter als vorher zuwendet. Zwar sind das keine dramatischen Veränderungen, trotzdem spüre ich, daß in meinem Inneren etwas vor sich geht, was mein Begreifen weit übersteigt.

Herr, ich danke dir für das Geschenk deines Geistes. Gib, daß seine Gegenwart mich in den kommenden Wochen immer stärker und tiefer durchdringt. Amen.

V

Die Not der Welt

Der Geist Christi sendet uns in die Welt. Insoweit wir uns nicht von unseren Ängsten, sondern von der Kraft des Geistes leiten lassen, erkennen wir die Not der Welt und fühlen uns gedrängt zu helfen. In den Gefangenen, den Kranken, den Hungernden, den Heimatlosen wie auch in den vielen, die in Kriege oder Kriegsvorbereitungen verstrickt sind, erkennen wir unsere Brüder und Schwestern, denen wir solidarisch verbunden sind.

O Herr, ich vergesse dich so leicht. Die Welt, meine Welt, nimmt meine Aufmerksamkeit auf so vielerlei Weise in Anspruch, daß ich mich sehr schnell von dir ablenken lasse. Du bist in dieser Welt zugegen, in meinem Leben, in allem, was geschieht. Aber deine Gegenwart ist leise, still und unauffällig. Schweigen, Einsamkeit und ruhiges Gebet, ein friedliches Gespräch oder eine besinnliche Lesung helfen mir zu erkennen, daß du bei mir bist, daß du mich rufst, daß du mich anspornst und vor allem, daß du mich in dein Haus des Friedens und der Freude einlädst. Und doch ziehen mich die lauten Stimmen dieser Welt, die endlose Vielfalt von »Müssen« und »Sollen« und die Illusion, daß alles überaus dringlich ist, davon ab, in deiner Nähe zu verweilen, und dann lebe ich so, als ob ich statt deiner die Welt retten müßte.

Nur ein paar Tage außerhalb dieses Hauses des Gebets genügten schon, um mir wieder deutlich zu zeigen, wie leicht ich versucht bin zu denken, daß alles andere mehr Zeitaufwand, Aufmerksamkeit und Mühe wert ist als du. Herr, ich bitte dich heute abend, daß du mir deine Gegenwart tiefer und stärker zu Bewußtsein bringst, damit ich in der Welt leben kann, ohne von der Welt zu sein. Laß meine Begegnung mit dir in den letzten beiden Monaten meines Aufenthaltes in diesem Kloster so stark, tief und beständig werden wie deine Begegnung mit Saulus auf dem Weg nach Damaskus, so daß ich die Welt sehen kann in der neuen Sicht, die du mir schenkst. Amen.

Herr Jesus Christus, du bist die Wahrheit. Wenn ich fest in dir verwurzelt bleibe, lebe ich in der Wahrheit. Hilf mir, Herr, ein Leben aus der Wahrheit zu führen, ein Leben, in dem ich mich nicht von der Sorge um Beliebtheit, nicht von öffentlicher Meinung, Modeströmungen oder gängigen Schlagwörtern leiten lasse, sondern von der Erkenntnis, die aus meiner Kenntnis von dir stammt.

Es mögen Zeiten kommen, in denen das treue Festhalten an der Wahrheit schwer und hart sein wird und Unterdrückung, Verfolgung und Tod nach sich zieht. Herr, sei mit mir, wenn solche Zeiten kommen. Laß mich dann erfahren, daß Festhalten an der Wahrheit soviel bedeutet wie Festhalten an dir; daß Liebe und Wahrheit unzertrennlich sind und daß ein Leben aus der Wahrheit dasselbe ist wie die Wahrung der Treue in einer Liebesbeziehung.

Herr, ziehe mich immer näher zu dir, denn du bist mein Lehrer, der mich immer aus Liebe belehrt. Amen.

Herr Jesus Christus, dies ist der Tag, welcher der Eucharistie geweiht ist. Ich denke an die Tausende, die unter Mangel an Nahrung, und an die Millionen, die unter Mangel an Liebe leiden. Während ich gut ernährt und umsorgt werde, die Früchte der Erde und die Liebe von Brüdern genieße, stehen mir die leiblichen und seelischen Nöte vieler meiner Mitmenschen vor Augen. Sollte mein Glaube an deine Gegenwart beim eucharistischen Brotbrechen nicht über den engen Kreis meiner Brüder hinaus den größeren Kreis der ganzen Menschheit erreichen und ihre Leiden so viel wie möglich lindern?

Kann ich dich im Sakrament der Eucharistie erkennen, so muß ich dich auch in den vielen hungernden Männern, Frauen und Kindern erkennen können. Wenn ich meinen Glauben an deine Gegenwart unter den Gestalten von Brot und Wein nicht in Taten der Liebe für die Welt umsetzen kann, dann bin ich immer noch ein Ungläubiger.

Darum bitte ich dich, Herr, festige meinen Glauben an deine eucharistische Gegenwart und hilf mir, Mittel und Wege zu finden, damit dieser Glaube im Leben vieler Menschen Frucht bringt. Amen.

O Herr, als deine Seite durchstoßen wurde und Blut und Wasser daraus flossen, da wurde die Kirche geboren: eine neue Gemeinschaft, auf die Taufe und auf das Brechen des Opferbrotes gegründet. Deine Liebe, die sich am Kreuz offenbarte, rief ein neues Leben, eine neue Existenzweise, eine neue Art der Nachfolge, eine neue Botschaft ins Dasein.

O Herr, ich bitte, daß deine Kirche als eine am Kreuz geborene Liebesgemeinschaft der Bedrohung entzweiender und zerstörerischer Mächte standhält. Mach die Liebe stark genug, damit die atomaren Sprengköpfe, Raketen und Unterseeboote abgewrackt werden können, und gib denen Einsicht, die meinen, Tag für Tag mehr davon herstellen zu müssen. Schenk deinem Volk Erkenntnis, Mut und Glauben, um allem Wahnwitz zu wehren, durch den die Verteidigung in gegenseitige Vernichtung führt.

O Herr, mach unsere Liebe stark und furchtlos und laß uns deinen heiligen Namen als Zeichen der Hoffnung anrufen. Amen.

Mein Herr, Tausende von Menschen sind aus ihrer Heimat vertrieben; Tausende gehen in Booten zugrunde, weil kein rettender Hafen sie aufnimmt; Tausende werden in Lagern festgehalten, fast ohne Aussicht auf ein normales Familienleben in der Zukunft. Tag für Tag wird die Zahl der Flüchtlinge größer, und Tag für Tag wird es deutlicher, daß wir in einer überaus ungastlichen Welt leben.

O Herr, weise mir Wege, um dieser menschlichen Tragödie abhelfen zu können. Zeige mir, wie ich in diesen Tagen, in denen unzählige Menschen in Angst und Verzweiflung leben, deinem Wort treu sein kann. Erleuchte meinen Verstand, gib mir ein Herz voller Eifer und einen starken Willen, damit ich im Geiste deines großen Liebesgebotes reden und handeln kann.

Ich weiß, was vor sich geht, ich erkenne die Dringlichkeit der Situation und bin überzeugt von der Notwendigkeit hochherziger Hilfe. Aber ich weiß noch nicht genau, was du hier und jetzt von mir verlangst. Ich bitte dich um deinen Beistand, damit ich lerne, dein Jünger zu werden. Amen.

O Herr, du kamst, um Frieden zu bringen, Versöhnung zu stiften, die Trennung zwischen den Völkern aufzuheben und zu zeigen, wie es den Menschen möglich ist, ihre Differenzen zu überwinden und ihre Einheit zu feiern. Du hast deinen Vater als den Vater aller Menschen geoffenbart, einen Vater ohne Groll oder Rachsucht, einen Vater, der sich mit unendlicher Liebe und Güte um jedes einzelne seiner Kinder kümmert und sich nicht scheut, sie alle in sein eigenes Haus zu laden.

Aber die Welt von heute sieht nicht so aus, als ob sie deinen Vater kennte. Unsere Völker sind von Chaos, Haß, Gewalttat und Krieg zerrissen. Vielerorts herrscht der Tod. El Salvador, Nordirland, der Iran und viele andere Länder kennen seit Jahren keinen Frieden mehr. Sogar in Ländern, in denen offiziell Friede herrscht, wie in Spanien, Italien und der Türkei, ist der Terror an der Tagesordnung. Und leben wir in unserem eigenen Land nicht eher im Kriegszustand als im Frieden?

Herr, vergiß nicht die Welt, in die du gekommen bist, um dein Volk zu retten. Wende dich nicht von deinen Kindern ab, die in Frieden miteinander leben möchten und dennoch ständig in Angst, Zorn, Leidenschaft, Gewalt, Gier, Neid, Argwohn, Eifersucht und Machthunger befangen sind. Sende deinen Frieden in diese Welt, einen Frieden, den wir selber nicht zustande bringen. Rüttle das Gewissen aller Völker und ihrer Lenker auf; erwecke Männer und Frauen voller Liebe und Großmut, die für den Frieden sprechen und werben können, und zeige uns neue Wege, um den

Haß zu besiegen, Wunden zu heilen und die Einheit wiederherzustellen.

O Gott, komm uns zu Hilfe. Herr, eile, uns zu helfen. Amen.

Herr Jesus Christus, du hast wirklich Männer erwählt, die vor Begeisterung glühten und von leidenschaftlichem Eifer erfüllt waren, dein Wort zu verkünden! Petrus, impulsiv, tatkräftig, energisch und sehr überschwenglich; Paulus, heftig, pflichttreu und von außergewöhnlicher Widerstandskraft. Diese beiden Männer wurden die Gründer der jungen Christengemeinden, die sich von Jerusalem bis nach Rom erstreckten.

Petrus hat dich verleugnet; Paulus hat deine Anhänger verfolgt; aber mit derselben Leidenschaft, mit der sie zuerst »Nein« sagten, haben sie auch »Ja« gesagt, nachdem sie dein Antlitz gesehen und deinen Ruf vernommen hatten.

Herr, du hast dir nicht die Lauen oder unentschiedenen Mitläufer ausgesucht. Du hast sehr ausgeprägte Menschen berufen, die imstande waren, Höhen und Tiefen zu durchmessen.

Ich danke dir, Herr, daß du mir diese tröstliche Einsicht schenkst. Gib mir den Mut, konsequent zu leben, auch wenn es gefährlich ist; einsatzbereit, auch wenn es Leiden mit sich bringt; spontan, auch wenn dabei Fehler unterlaufen. Aber laß mich immer für dich leben und von dir zu einem Werkzeug deiner Botschaft geformt werden. Amen.

Herr meines Lebens, durch die Kraft, die von dir ausging, wurde eine Frau von einer Krankheit befreit, die bisher noch kein Arzt heilen konnte, und ein junges Mädchen wurde wieder zum Leben gerufen. So hast du kundgetan, daß Gott der Gott des Lebens ist und daß es keinen Tod in ihm gibt.

O Herr, ich bitte dich, berühre unsere todverfallene Welt und erwecke sie zu neuem Leben. Gib Leben, Freude und neue Vitalität all jenen, »die im Schatten des Todes sitzen« (vgl. Lk 1, 79): den Kranken und Sterbenden, den Bedrückten und Verzweifelten, den Rachsüchtigen und Gewalttätigen. Wohin ich in dieser Welt auch blicke, überall sehe ich die Macht des Todes am Werk. Ich sehe sie ebenso in den Konflikten zwischen den Nationen wie in dem Konkurrenzkampf unter den Völkern. Gib, daß dein Volk diesen finsteren Mächten nicht unterliegt, sondern laß deine lebenspendende Kraft ihm in Leib, Herz und Sinne dringen. Laß die Deinen dich erkennen als den Sohn Gottes, der nicht »der Gott der Toten, sondern der Gott der Lebenden« ist (Mt 22, 32). Amen.

O Herr, dein Apostel Tomas wollte dich sehen und deine Wundmale berühren. Er gab sich nicht mit den begeisterten Berichten seiner Freunde zufrieden. Er wollte sich mit seinen eigenen Sinnen von deiner Gegenwart überzeugen.

Wie gut kann ich diesen Wunsch verstehen! Habe ich dich nicht oft und inständig gebeten, dich sehen und berühren zu dürfen? Und was sagst du? »Selig sind, die nicht sehen und doch glauben« (Joh 20, 29).

Willst du, daß ich im Dunkel des Glaubens bleibe? Willst du, daß ich aus Liebe zu dir auf diesen ungestümen und ungeduldigen Wunsch nach unmittelbarer Sinneserfahrung verzichte? Lädst du mich ein, einfach im Glauben zu leben und dem Zeugnis derer zu vertrauen, die dich nach deinem Tod sahen und ihre Botschaft auf die Tatsache gründeten, dich wirklich gesehen zu haben?

Herr, »ich glaube; hilf meinem Unglauben!« (Mk 9, 24). Amen.

O Herr, heute dachte ich an das Wort von Vincent van Gogh: »Es gibt zwar Ebbe und Flut, aber das Meer bleibt Meer.« Du bist das Meer. Obgleich es in meinem Gefühlsleben viel Auf und Ab gibt und ich oft große Verschiebungen und Veränderungen in meinem Inneren wahrnehme, so bleibst du doch derselbe. Deine Unveränderlichkeit ist nicht mit der Unveränderlichkeit eines Felsens zu vergleichen, sondern mit der unwandelbaren Treue eines Liebenden. Deine Liebe rief mich ins Dasein, deine Liebe erhält mich, und immer wieder werde ich zu deiner Liebe zurückgerufen. Es gibt Tage der Trauer und Tage der Freude; es gibt Gefühle von Schuld und Gefühle von Dank; es gibt Augenblicke des Versagens und Augenblicke des Erfolgs; aber alles ist umfangen von deiner unwandelbaren Liebe.

Meine einzige wirkliche Versuchung besteht darin, an deiner Liebe zu zweifeln, zu meinen, daß deine Liebe mich nicht erreichen kann, und mich selber aus dem rettenden Bannkreis der Strahlen deiner Liebe zu entfernen. Damit aber begebe ich mich in das Dunkel der Verzweiflung.

Herr, Meer der Liebe und Güte, laß mich die Stürme und Winde in meinem Alltag nicht zu sehr fürchten und laß mich wissen, daß es Ebbe und Flut gibt, das Meer aber Meer bleibt. Amen.

VI

Ein dankbares Herz

Furcht und Angst weichen nie ganz von uns. Aber langsam verlieren sie ihre Macht über uns, wenn sich eine tiefere und zentralere Erfahrung abzuzeichnen beginnt: die Erfahrung der Dankbarkeit.

Dankbarkeit ist die Erkenntnis, daß das Leben in all seinen Erscheinungsformen ein Geschenk ist, für das wir danken möchten. Je näher wir Gott im Gebet kommen, um so mehr erkennen wir den unendlichen Reichtum seiner Gaben. Vielleicht lernen wir dann sogar, in unseren Leiden und Schmerzen sein Geschenk zu sehen. Das Geheimnis des geistlichen Lebens liegt darin, daß viele der Ereignisse, Menschen und Situationen, die unseren Weg zu Gott lange Zeit zu versperren schienen, uns nunmehr zu tieferer Vereinigung mit ihm führen. So wird die Dankbarkeit zu einer Herzensgesinnung, in der wir froh und friedlich leben können, auch dann, wenn wir weiter kämpfen müssen.

Mein Herr, ich werde so lange rastlos, angespannt und unerfüllt bleiben, bis ich in deinem Haus den Frieden gefunden habe. Aber ich bin immer noch unterwegs, immer noch auf Reisen, immer noch müde und erschöpft und immer noch in Ungewißheit, ob ich die Stadt auf dem Berge je erreichen werde. Mit Vincent van Gogh frage ich ständig deinen Engel, dem ich auf dem Weg begegne: »Geht es denn die ganze Strecke bergauf?« Und die Antwort lautet: »Ja, bis zu allerletzt.« Und wieder frage ich: »Dauert die Reise den ganzen Tag?« Und die Antwort heißt: »Vom Morgen bis zum Abend, mein Freund.«

So gehe ich also weiter, Herr, müde, oft frustriert, verunsichert, doch immer voll Zuversicht, die ewige Stadt in der Ferne, leuchtend in der Abendsonne, eines Tages zu erreichen.

Es ist nicht gesagt, daß mein Leben in den kommenden Jahren irgendwie leichter oder daß mein Herz ruhiger wird. Aber es ist sicher, daß du auf mich wartest und mich am Ziel willkommen heißen wirst, wenn ich auf meiner langen Reise in dein Haus durchgehalten habe.

O Herr, gib mir Mut, Hoffnung und Vertrauen. Amen.

O Herr, du hast mich in diese Welt gesandt, um dein Wort zu verkünden. Oft scheinen die Probleme der Welt so kompliziert, daß dein Wort mir geradezu bestürzend einfach vorkommt. Häufig, wenn ich unter Menschen bin, die sich mit sozialen und wirtschaftlichen Problemen befassen, ist meine Zunge wie gelähmt.

Aber du, Herr, hast gesagt: »Seid klug wie die Schlangen und arglos wie die Tauben« (Mt 10,16). Laß mich inmitten dieser komplizierten Welt Unschuld und Arglosigkeit bewahren. Ich bin mir bewußt, daß ich die verschiedenen Gesichtspunkte der Weltprobleme studieren muß und daß ich versuchen muß, so gut wie möglich das Kräftespiel unserer heutigen Gesellschaft zu erfassen. Aber was wirklich zählt, ist nur, daß all diese Informationen, Kenntnisse und Einsichten mir nur dazu dienen sollen, dein wahrhaftiges Wort deutlicher und unmißverständlicher zu verkünden. Laß nicht zu, daß böse Mächte mich in die komplizierten Probleme dieser Welt hineinziehen; gib mir vielmehr die Kraft zu klarem Denken, zu freier Rede und zu unerschrockenem Handeln in deinem Dienst. Gib mir den Mut, in einer Welt voller Schlangen als Taube zu leben. Amen.

Herr, du hast deinen Jüngern geboten, nichts als einen Wanderstab auf den Weg mitzunehmen und in den Häusern zu bleiben, wo sie dein Wort verkünden wollten. In diesem Zustand von äußerer Schwäche und Abhängigkeit bezeugten sie deine Kraft und Stärke. Sie riefen die Menschen zur Umkehr, sie trieben Teufel aus, sie linderten die Schmerzen und heilten viele Kranke.

Wie kann ich erwarten, ein echtes Zeugnis von dir geben und andere heilen zu können, solange ich noch so viel Ballast verschiedenster Art – leiblich, geistig oder seelisch – mit mir herumschleppe und solange ich noch mit meinen eigenen Wunschvorstellungen und Plänen beschäftigt bin?

Hilf mir, Herr, mich mehr und mehr von allem zu lösen, was deinem Wirken an leidenden Männern, Frauen und Kindern, die du durch mich berühren willst, hindernd im Wege steht. Zeige mir, wie ich arm werden kann, damit dein Reichtum sichtbar wird; wie ich schwach werden kann, damit sich deine Kraft erweist. Amen.

Herr Jesus Christus, niemand kennt den Vater im Himmel, nur der Sohn und die, denen du ihn offenbaren willst (vgl. Mt 11,27). Wie ist es doch anmaßend und ein Zeichen von mangelndem Glauben, wenn man Gott durch Studium, theologische Diskussionen oder gute Werke kennenlernen will! Alle Bücher, die ich gelesen, alle Vorlesungen, die ich gehört habe, können mir kein echtes Wissen über Gott vermitteln. Nur du kannst ihn mir offenbaren. Es ist tatsächlich dein größtes Geschenk, daß wir Gott, deinen Vater, kennen.

Wen erwählst du, um ihm diese Kenntnis zu schenken? Die Gelehrten und Weisen? Nein, nur die Kinder, die kaum an sich selbst denken, aber für Gaben empfänglich sind, die sie selber nicht begreifen oder sich auch nur vorstellen können.

Willst du auch mich erwählen? Ich frage mich zuweilen, ob mein Wissen über Gott nicht das größte Hindernis für meine Gotteserkenntnis geworden ist. Aber du, Herr, kannst durch alle verschlossenen Türen und Mauern gehen. Du kannst in mir das Kind sehen, das deinen liebevollen Vater immer besser kennenlernen möchte. Komm, Herr Jesus, erwähle mich. Amen.

Herr, du sagst: »Nehmt mein Joch auf euch und lernt von mir, denn ich bin gütig und von Herzen demütig« (Mt 11,29). Diese Worte haben mich heute begleitet, weil mir bewußt wurde, wie oft ich mich über mein Joch beklage und andere über ihr Joch klagen höre. Ich sehe das Leben mit seinen vielen Anforderungen als Last an, und dann ist es nicht weit bis zur Niedergeschlagenheit; dann möchte ich, daß andere auf mein »einzigartiges« Problem aufmerksam werden, und vergeude Zeit und Energie, um meinem Verdruß Luft zu machen.

Du sagst nicht: »Ich will euch das Joch abnehmen«, sondern: »Nehmt mein Joch auf euch!« Dein Joch ist wirklich ein Joch. Es ist das Joch von aller Menschen Sünde. Du hast dieses Joch getragen und bist unter seiner Last gestorben. So hast du es zu einem leichten Joch gemacht.

Herr, lenke meinen Blick von der falschen Last auf die wahre Last und laß mich mein Joch vereint mit dir tragen. Ich weiß, daß ich nur so die Versuchung zu Verbitterung und Groll überwinden und froh und dankbar in deinem Dienst leben kann. Laß mich dein Wort besser verstehen: »Mein Joch drückt nicht, und meine Last ist leicht« (Mt 11,30). Amen.

Herr, fordere auch ich Zeichen von dir, wie es die Pharisäer taten? Freilich erwarte ich keine Wunderheilungen oder große Naturereignisse, aber ich ertappe mich oft bei dem Wunsch, du möchtest mein und meiner Freunde Herz auf deutlich erkennbare Weise berühren. Ich sehne mich oft nach der inneren Erfahrung von Frieden, Ruhe und seliger Geborgenheit, in der ich deine Liebe und Güte verkosten kann.

Aber du, Herr, willst, daß ich das Zeichen des Jonas annehme, das Zeichen deines Todes und deiner Auferstehung. Du willst, daß ich deine Gegenwart nicht so sehr in außergewöhnlichen äußeren oder inneren Erlebnissen wahrnehme, sondern in der bitteren Erfahrung, im Bauch des Seeungeheuers zu leben. Du nimmst deine Freunde nicht aus dieser Welt fort, vielmehr willst du, daß sie gleich dir deren Bitterkeit verkosten, so daß sie durch die Teilhabe an deinem Tod auch an deiner Auferstehung teilhaben.

Ich bete, daß ich treu bleiben kann, ohne auf ein anderes Zeichen zu bauen als auf das Zeichen des Jonas. Du selbst hast mir dieses Zeichen gegeben, und das sollte genügen.

Auf dich, o Herr, setze ich meine Hoffnung. Amen.

Herr, dein Apostel Jakobus strebte nach einem bevorzugten Platz in deinem Reich, einen Platz ganz nah bei dir. Du hattest eine Vorliebe für ihn; du nahmst ihn mit in das Haus des Jairus, dessen Töchterchen du heilen wolltest, und mit zum Gebet auf den Berg Tabor. Aber du gabst ihm zu verstehen, daß Freundschaft mit dir heißt, mit dir zu leiden. Als du ihn fragtest, ob er den Leidenskelch mit dir trinken könne, bejahte er es mit dem gleichen Ehrgeiz, mit dem er nach einem Ehrenplatz in deinem Reich verlangt hatte.

Du liebtest diesen jungen, eifrigen Mann, dessen größter Wunsch es war, immer und überall bei dir zu sein. Du sagtest ihm und all deinen Jüngern, daß Dienen und nicht Herrschen als Wertmaßstab in deinem Reiche gilt, und allmählich formtest du sein Herz so um, daß es nicht mehr nach Einfluß und Macht, sondern nach dem letzten Platz verlangte. Er willigte ein, er folgte dir und trank den gleichen Kelch wie du. Er starb für dich als Erster der Apostel.

O Herr, bekehre mein Herz, wie du das Herz deines Jüngers bekehrt hast. Amen.

Mein Herr, wie oft haben die Sorgen der Welt und die Lockungen des Reichtums dein Wort erstickt! Denn damit dein Wort tiefe Wurzeln schlagen und reiche Frucht bringen kann, braucht es ein freies, offenes und unbeschwertes Herz. Ich weiß, Herr, daß dein Wort Macht besitzt, daß es Herz und Sinn umwandeln und so stark werden kann, daß es wie von selber spricht. Aber wie sollte dein Wort Frucht tragen, wenn es in ein dorniges Herz fällt, in ein Herz, das ständig und überängstlich nachgrübelt, was gestern geschehen ist, und voller Bangen Ausschau hält nach dem, was morgen passieren wird; ein Herz, an dem Schuld, Eifersucht, Neid und Begierde nagen; ein Herz in fortwährender Unruhe und Erregung? Es ist nicht erstaunlich, daß dein Wort in einem solchen Herzen keine Frucht hervorbringen kann.

Herr, gib mir ein Herz, das dein Wort aufnimmt, so wie ein guter Ackerboden den ausgestreuten Samen aufnimmt, und laß dein Wort in dieser dürren Welt neues Leben und neue Liebe hervorbringen. Amen.

Mein Herr, auch wenn du mit deinen Freunden allein sein wolltest, folgten dir die Scharen nach, um dein Wort zu hören und von deiner heilenden Hand berührt zu werden. Du hast sie, voller Mitleid mit ihrem Verlangen nach einem Hirten, gelehrt und ihre Kranken geheilt. Und als es Abend wurde und du sahst, wie müde und hungrig sie waren, da ließest du sie im Gras lagern und gabst ihnen solche Überfülle an Brot und Fisch, daß sie genug gekräftigt waren, um ohne Gefahr heimkehren zu können.

Mich trifft besonders, Herr, daß die, welche dir nachfolgen, ohne sich um Essen und Schlaf zu kümmern, alles erhalten, was sie nötig haben. Deine Antwort an den Versucher: »Der Mensch lebt nicht nur von Brot, sondern von jedem Wort aus Gottes Mund« (Mt 4,4) kommt mir bei dieser Szene am Seeufer wieder in den Sinn. Die nach deinem Wort hungern, bekommen auch genug Brot zu essen. Du sorgst wirklich für die, welche es gewagt haben, dir in die Einsamkeit zu folgen.

O Herr, laß mein Nahrungs- und Ruhebedürfnis nie die Oberhand gewinnen über mein Verlangen, dein Wort zu hören und durch deine Berührung geheilt zu werden. Ich möchte dir folgen, und ich vertraue, daß du mir tatsächlich geben wirst, was ich brauche, wenn ich es brauche.

Mach mein Vertrauen tief und stark. Amen.

O Herr, so viel Not und Sorgen haben mich in dieser Woche erreicht: Autounfälle, schwere Erkrankungen, Tod, Depression, Verlust des Glaubens, Unfähigkeit zu beten, das Gefühl von Ohnmacht und viele andere Ereignisse und Erfahrungen sind wie ein Hilfeschrei nach Heilung, Hoffnung, Glauben, Mut und Kraft. O Herr, steh den Deinen bei, verlaß sie nicht in ihrer Angst und Verzweiflung. Gib ihnen die Gewißheit, daß du ein treuer Gott bist, daß du einen Neuen Bund mit ihnen geschlossen hast und dein Wort der Liebe niemals zurücknehmen wirst.

Vor allem aber, Herr, bitte ich dich, hilf allen Leidenden, auf dich zu schauen, der du das Leid der ganzen Welt getragen hast und gestorben bist, um uns neues Leben zu schenken. Laß die Menschen in Not und Angst in deinem Kreuz ein Zeichen der Hoffnung erblicken und ein wenig von dem Geheimnis erahnen, daß sie alles ergänzen können, was noch aussteht für deinen Leib, die Kirche. Laß uns verstehen, daß wir durch unser Leiden mit deinem immerwährenden Erlösungswerk innig verbunden sind.

Herr, zeige allen Leidenden deine grenzenlose Liebe und Güte. Amen.

Herr Jesus Christus, du bist das Wort Gottes, durch das alles erschaffen wurde: Flüsse und Bäume, Berge und Täler, Vögel und Pferde, Weizen und Korn, Sonne und Sterne, Regen und Donner, Wind und Sturm und vor allem die Menschen, Mann und Frau, jung und alt, schwarz und weiß, braun und rot, Bauern und Lehrer, Mönche und Geschäftsleute. Du, Herr, bist in allen Geschöpfen zugegen, weil alles durch das Wort deines allmächtigen Vaters entstand, der die Schöpfung ins Leben rief und sah, daß sie gut war.

Ich danke dir, daß dies alles so schön ist, und ich preise dich für die Künstler: die Maler, die Bildhauer, die Musiker, die Tänzer und die Schriftsteller; sie alle haben mir durch ihre Gaben die Augen für den Glanz deiner göttlichen Gegenwart im Universum geöffnet.

Ehre sei dir, Herr, und dem allmächtigen Vater, dem Schöpfer des Himmels und der Erde. Amen.

O Herr, mein Aufenthalt in der Abtei geht zu Ende, und nach wenigen Tagen werde ich nicht mehr den Halt der regelmäßigen gemeinsamen Gebetsstunden, der Stille des Hauses und der liebevollen Fürsorge dieser schönen brüderlichen Gemeinschaft haben. Ich muß wieder zu größerer Geschäftigkeit zurückkehren. Vorlesungen halten, predigen und beraten, denn zu dieser Aufgabe hast du mich bestimmt. Aber ich bete, daß du immer die Mitte meiner Gedanken, Worte und Werke bleibst. Ich bete, daß deine Nähe, die ich hier so stark empfunden habe, auch an der Universität mein Leben leite, aber am meisten bete ich, daß ich die Energie aufbringe, mir weiterhin Zeit zu nehmen, um bei dir zu sein, bei dir allein.

Laß das Wissen um deine Liebe mein Herz und meinen Geist so sehr erfüllen, daß ich freimütig, offen und furchtlos von dir Zeugnis geben kann und den Vielen, die dich – bewußt oder unbewußt – suchen, deinen Frieden und deine Freude bringe. Amen.

Mein Herr, mein Herz ist voll Dankbarkeit für die Zeit, die du mir hier in der Abtei von Genesee geschenkt hast. Mein Gebet war sicher nicht so tief und innig, wie ich es gewünscht hätte. Meine Gedanken wanderten oft zu kleinen Sorgen und belanglosen Angelegenheiten. Aber wenn ich auf diese Zeit zurückblicke, erkenne ich, daß du mir eine wahre geistliche Heimat gegeben hast. Du gabst mir Brüder, die mich als einen der Ihren betrachten und sich meiner annehmen werden, wo immer ich bin. Ich weiß nun, daß ich jederzeit wiederkommen darf, daß ich immer um Gebetshilfe bitten und mich immer auf die spirituelle Unterstützung meiner Brüder hier verlassen kann.

Ich danke dir, Herr, für diese unschätzbare Gnade. Ich bete, daß ich meine Lehrtätigkeit so ausübe, wie sie dieser Gnade entspricht, daß ich dem Geist dieser Brüderlichkeit treu bleibe und die neuen Kräfte, die ich jetzt in mir verspüre, all denen vermitteln kann, zu denen du mich senden wirst.

O Herr, segne mit der Überfülle deines Segens alle Brüder, die mir in so überzeugender Weise die Wirklichkeit deiner Liebe gezeigt haben. Amen.

Nachwort

Die Gebete in diesem Buch sind das Ergebnis eines Experiments, des Experiments, an den Herrn zu schreiben. Wenn ich auf die sechs Monate zurückblicke, in denen ich Gebete geschrieben habe, dann erkenne ich, daß diese Gebete mehr verbergen als enthüllen. Sie enthüllen ein furchtsames Herz, einen Schrei nach Barmherzigkeit, Hoffnungsstrahlen, die Kraft des Geistes, die Not der Welt und schließlich ein Herz voller Dankbarkeit. Sie enthüllen sogar ein Abrücken von selbstbezogener Introvertiertheit und den Anfang einer inneren Freiheit, die für die Leiden anderer aufgeschlossen ist und der Gnade dankbar folgt. Aber ich habe gelernt, daß eines verborgen bleibt: das *Gebet*.

Wenn ich diese Gebete ein Jahr nach der Niederschrift wieder durchlese, sehe ich, daß meine Worte nichts weiter sind als die Mauern, die einen stillen Platz umgeben. Diese Gebete sind nur die Struktur des Gebets. Wenn mir etwas aufgegangen ist, so die Tatsache, daß ich nicht beten kann, daß aber der Geist Gottes in mir betet. Dieses göttliche Gebet läßt sich aber nicht in Worte fassen; es ruht in der Stille, vor, zwischen und über jedem Wort eines suchenden Herzens. Gebet ist der Atem von Gottes Geist in uns. Gebet ist der Schrei des Geistes »Abba, Vater«, der aus der Herzmitte unseres Wesens aufsteigt. Gebet ist das göttliche Leben in uns, ein Leben, das wir nur schemenhaft erkennen und das die Fassungskraft all unserer Sinne übersteigt. In diesen Gebeten ist das Gebet Gottes verborgen, das nie in einem Buch gedruckt werden kann.

Es ist jedoch das Geheimnis des Lebens, daß der Herr des Lebens nicht anders als durch den Lebensvollzug erkannt werden kann. Wenn wir unseren Alltag nicht ganz konkret einbeziehen, können wir nicht die liebende Nähe dessen erfahren, der uns in seinen Händen birgt. Unsere kärglichen Liebesbeweise offenbaren seine grenzenlose Liebe. Unsere kleinen Gesten der Hilfsbereitschaft offenbaren uns seine unendlich liebende Fürsorge. Unsere ängstlichen und zaghaften Worte offenbaren sein unerschrockenes und richtungweisendes Wort. Die heilende Macht des ewigen Gottes wird tatsächlich durch unser gebrochenes, verletzliches und todverfallenes Verhalten sichtbar. Deshalb ergeht Tag für Tag an uns der Ruf, dem Herrn unser ganzes Leben darzubringen – unsere Freuden wie unsere Sorgen, unsere Hoffnungen wie unsere Ängste. Wir sollen es mit unseren begrenzten Mitteln tun, mit unserem Stammeln und Tasten. So werden wir im Geist und Herzen das unaufhörliche Gebet des Gottesgeistes in uns erkennen. Unsere vielen Gebete sind in Wirklichkeit nur das Eingeständnis, daß wir nicht beten können. Aber gerade durch dieses Bekenntnis können wir die erbarmende Nähe Gottes wahrnehmen. Unsere Gebete sind so persönlich und einmalig wie unser Leben. Die Gebete in diesem Buch sind die Gebete eines einzelnen Menschen. Möchte es doch viel mehr Gebete von viel mehr Menschen geben, damit sich Gottes unaufhörliches Gebet, das sich nicht in Worte fassen läßt, immer mehr kundtut.

Weitere Werke über Stille und Gebet
von Henri J. M. Nouwen:

Feuer, das von innen brennt
Stille und Gebet

»Allen suchenden Menschen und engagierten
Gebetsgruppen vermittelt dieses Buch wertvolle
Hilfen und Anregungen« *(Anzeiger für die Seelsorge)*.
8. Aufl., 96 Seiten, Paperback. ISBN 3-451-19427-9

In ihm das Leben finden
Einübungen

Eine Einführung in das geistliche Leben
5. Aufl., 104 Seiten, Paperback. ISBN 3-451-19549-6

Jesus, Sinn meines Lebens
Briefe an Marc

»Ein tiefgründiges Buch zu bohrenden
Glaubensfragen unserer Zeit«
(Würzburger Diözesanblatt).
2. Aufl., 120 Seiten, Paperback. ISBN 3-451-21329-X

Nachts bricht der Tag an
Tagebuch eines geistlichen Lebens

Das bewegende Zeugnis eines geistlichen Ringens
um den Weg mit Gott.
272 Seiten, Paperback. ISBN 3-451-21443-1

Gottes Clown sein
Vom Beten und Dienen

»Ein faszinierendes geistliches Buch, das Mut macht,
den Glauben im Alltag zu leben« *(Kirchenzeitung, Köln)*.
4. Aufl., 120 Seiten, Paperback. ISBN 3-451-20544-0

Verlag Herder Freiburg · Basel · Wien

Gebetstexte

Ulrich Bach
Hosianna bei Gegenwind
Versuche zu beten
Band 1292, 128 Seiten

Adalbert Ludwig Balling
Unseren täglichen Reis gib uns heute
Gebete aus der Dritten Welt
Band 1119, 128 Seiten

Rudolf Bohren
Ich möchte Mauern durchschreiten
Gebete osteuropäischer Christen
Band 1224, 128 Seiten

Gebete großer Christen
Herausgegeben von Werner Braselmann
Band 1675, 160 Seiten

Gespräche meines Herzens
Gebete auf dem Lebensweg
Herausgegeben von Werner Braselmann
Band 1332, 160 Seiten

Du bist schön, meine Erde
Gebete für die Schöpfung
Gesammelt und eingeleitet von Franz Rieger
Band 1326, 160 Seiten

Herder Taschenbuch Verlag